▶ 中国公共经济与公共政策研究报告（第六辑）

# 京津冀区域交通基础设施投资的有效配置研究

Research on Effective Allocation of Investment in Transportation Infrastructure in Beijing-Tianjin-Hebei Region

韩仁月 著

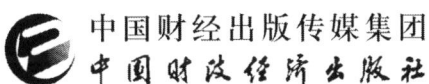

中国财经出版传媒集团
中国财政经济出版社

图书在版编目（CIP）数据

京津冀区域交通基础设施投资的有效配置研究/韩仁月著． --北京：中国财政经济出版社，2021.6
（中国公共经济与公共政策研究报告．第6辑）
ISBN 978-7-5223-0203-4

Ⅰ.①京… Ⅱ.①韩… Ⅲ.①交通运输业-基础设施建设-基本建设投资-研究-华北地区 Ⅳ.①F512.72

中国版本图书馆CIP数据核字（2020）第244442号

责任编辑：闫 娟 庄 莉　　　责任校对：李 丽
封面设计：孙俪铭

京津冀区域交通基础设施投资的有效配置研究
JINGJINJI QUYU JIAOTONG JICHU SHESHI TOUZI DE YOUXIAO PEIZHI YANJIU
中国财政经济出版社 出版
URL: http://www.cfeph.cn
E-mail: cfeph@cfeph.cn
（版权所有　翻印必究）

社址：北京市海淀区阜成路甲28号　邮政编码：100142
营销中心电话：010-88191522
天猫网店：中国财政经济出版社旗舰店
网址：https://zgczjjcbs.tmall.com
北京财经印刷厂印刷　各地新华书店经销
成品尺寸：175mm×240mm　16开　9.25印张　154 000字
2021年6月第1版　2021年6月北京第1次印刷
定价：55.00元
ISBN 978-7-5223-0203-4
（图书出现印装问题，本社负责调换，电话：010-88190548）
本社质量投诉电话：010-88190744
打击盗版举报热线：010-88191661　QQ：2242791300

## 《中国公共经济与公共政策研究报告》
## 编辑委员会

顾　问：安体富　高培勇　刘尚希

主　任：樊丽明

委　员（按姓氏笔画为序）：

　　　　王佃利　石绍宾　冯奎双　吕冰洋
　　　　汤玉刚　孙　强　李　文　李　华
　　　　李士雪　李齐云　杨志勇　张　宁
　　　　张　斌　范子英　林聚任　孟庆跃
　　　　高鉴国　曹现强

# 总 序

  2021年芒种时节，万木葱茏，生机盎然。入选《公共经济与公共政策齐鲁文库》和《中国公共经济与公共政策研究报告》的两本专著即将面世！

  这两套丛书发端于2008年。2007年秋季，山东省公共经济与公共政策重点研究基地正式揭牌成立。该基地挂靠山东大学，依托学校多学科、综合性的研究优势，设立公共经济与政策、公共管理与公民自治、社会福利政策、公共卫生政策、生态环境政策等研究中心，履行学术研究咨询、搭建交流平台、培养造就人才等职能，旨在建成富有影响的重点研究咨询基地、活跃开放的学术交流平台和高水平的人才培养基地。为更好地服务于基地目标和使命，我们策划出版《公共经济与公共政策齐鲁文库》和《中国公共经济与公共政策研究报告》两个系列，前者主要出版优秀博士论文，后者出版理论与实践相结合的课题研究成果，坚持的原则是选题的前沿性、方法的规范性和观点的创新性。2008年6月，《齐鲁文库》第一批专著和《研究报告》第一辑问世。时光荏苒，13年匆匆而过。迄今，《齐鲁文库》已出版8批32本，《研究报告》出版5辑。一次次公共经济学讨论班的学习论争，一场场公共经济与公共政策论坛成功举办，一批批文库作者成长为大学教授业界中坚，一件件政策咨询报告建言献策，令人鼓舞，令人欣慰！

  本次进入《齐鲁文库》的是李晓宇的博士学位论文"我国中老年人健康不平等的早期根源追溯：基于儿童期社会经济地位的实证研究"，进入《研究报告》的是韩仁月副教授的中国博士后基金项目报告《京津冀区域交通基础设施投资的有效配置研究》。他们所关注的中老年人健康平等性、京津冀地区基础设施投资有效性等公共问题，具有很强的时代特征，希望能引发读者的关注和共鸣。

这批著作出版之时，正值我国圆满完成第一个百年目标、跨入全面建设社会主义现代化强国、实现中华民族伟大复兴新征程之际，即将迎来中国共产党百年华诞。国家强盛民族复兴大业呼唤理论创新发展，也必将成就理论创新发展。这将成为我们执着前行的不竭动力！

2021年6月6日于山东大学

# 前　言

　　本书首先介绍了京津冀区域交通基础设施的发展现状，并运用数据包络分析法测算了北京、天津和河北的交通基础设施投资效率。其次，剖析了交通基础设施溢出效应的形成机理、交通基础设施建设一体化与地方政府间协调机制。再次，基于 VRA 模型的脉冲响应分析计算了京津冀区域北京、天津和河北交通基础设施投资的产出、就业和私人投资效应，并以此确定最佳投资地点。最后，结合国内外典型区域交通基础设施配置的经验，提出优化京津冀区域交通基础设施配置的政策建议。

　　本书的主要结论是：

　　1. 交通基础设施投资效率由高到低依次是河北、天津、北京；不同地区的交通基础设施发展阶段以及人工、土地成本的不同是影响效率差异的主要因素；从效率最大化角度出发，最优投资地点是河北。

　　2. 无论从产出、就业还是私人投资的动态效应看，北京都是最大的溢入地区，天津次之；河北一直受负效应的影响，虽然在第 15 年左右有短暂几年的正收益。这表明交通基础设施投资促进了产出、就业和私人投资逐渐向北京、天津集中，省际经济发展存在以邻为壑的现象。

　　3. 从京津冀区域整体效应（产出、就业和私人投资）最大化出发，投资最优地点选择依次是：河北、天津、北京。

# 目 录

1. 引言 ……………………………………………………………… （ 1 ）
   1.1 问题提出 …………………………………………………… （ 3 ）
   1.2 文献综述 …………………………………………………… （ 6 ）
      1.2.1 交通基础设施投资效率的研究 ……………………… （ 6 ）
      1.2.2 交通基础设施投资效应的研究 ……………………… （ 9 ）
      1.2.3 区域协调发展中交通基础设施投资有效配置的研究 …… （ 12 ）
      1.2.4 文献评述 ……………………………………………… （ 16 ）
   1.3 主要概念界定 ……………………………………………… （ 17 ）
      1.3.1 京津冀区域 …………………………………………… （ 17 ）
      1.3.2 交通基础设施 ………………………………………… （ 17 ）
      1.3.3 溢出效应 ……………………………………………… （ 17 ）
   1.4 研究方法与研究结构 ……………………………………… （ 18 ）
      1.4.1 研究方法 ……………………………………………… （ 18 ）
      1.4.2 研究结构与主要内容 ………………………………… （ 18 ）
   1.5 本书的创新与不足 ………………………………………… （ 19 ）
      1.5.1 创新之处 ……………………………………………… （ 19 ）
      1.5.2 不足之处 ……………………………………………… （ 20 ）

2. 京津冀区域交通基础设施投资效率的测算与评价 …………… （ 21 ）
   2.1 京津冀区域交通基础设施的发展状况 …………………… （ 23 ）
      2.1.1 "三主一支持"阶段 …………………………………… （ 23 ）
      2.1.2 综合交通运输阶段 …………………………………… （ 25 ）
   2.2 京津冀区域交通基础设施投资效率的测算 ……………… （ 27 ）
      2.2.1 模型与方法 …………………………………………… （ 27 ）

2.2.2　评价指标的选取 …………………………………………（28）
　　　2.2.3　交通基础设施投资效率的测算 …………………………（29）
　2.3　京津冀区域交通基础设施投资效率的评价 ………………………（40）

3. 交通基础设施投资溢出效应的形成机理 ……………………………（45）
　3.1　交通基础设施的特性 ………………………………………………（47）
　　　3.1.1　网络性 ………………………………………………………（47）
　　　3.1.2　外部性 ………………………………………………………（48）
　3.2　交通基础设施投资溢出效应的形成机理 …………………………（50）
　　　3.2.1　交通基础设施的空间溢出效应 ……………………………（50）
　　　3.2.2　溢出效应的形成机理 ………………………………………（53）

4. 交通基础设施建设的一体化与地方政府间协调机制 ………………（57）
　4.1　规划衔接机制 ………………………………………………………（59）
　　　4.1.1　设立单一的规划制定与协调机构 …………………………（60）
　　　4.1.2　制定交通基础设施一体化发展总规划：3C 原则 ………（60）
　　　4.1.3　完善轨道交通的建设和发展规划 …………………………（62）
　　　4.1.4　完善货物运输体系规划 ……………………………………（64）
　4.2　利益平衡机制 ………………………………………………………（65）
　　　4.2.1　构建协作机制 ………………………………………………（65）
　　　4.2.2　创新协作模式 ………………………………………………（66）
　4.3　运营管理协调机制 …………………………………………………（67）
　　　4.3.1　设立交通运输管理协调机构 ………………………………（67）
　　　4.3.2　构建交通信息共享机制 ……………………………………（68）

5. 京津冀区域交通基础设施投资溢出效应的实证分析 ………………（71）
　5.1　模型与方法 …………………………………………………………（73）
　　　5.1.1　理论模型 ……………………………………………………（73）
　　　5.1.2　实证方法：VAR 模型 ………………………………………（74）
　5.2　实证分析 ……………………………………………………………（75）
　　　5.2.1　数据及变量 …………………………………………………（76）
　　　5.2.2　模型设定 ……………………………………………………（77）
　　　5.2.3　平稳性检验 …………………………………………………（77）

5.2.4　动态分析 …………………………………………………（79）
　5.3　小结 …………………………………………………………（84）

# 6. 区域内交通基础设施有效配置的经验与借鉴 …………………（85）
　6.1　国内典型区域的经验与借鉴 ………………………………（87）
　　　6.1.1　交通基础设施配置的现状 ……………………………（87）
　　　6.1.2　交通基础设施配置中的地方政府间协调 ……………（90）
　6.2　国外典型区域的经验与借鉴 ………………………………（92）
　　　6.2.1　交通基础设施配置的现状 ……………………………（92）
　　　6.2.2　交通基础设施配置中的地方政府间协调 ……………（96）
　　　6.2.3　经验借鉴 ………………………………………………（98）

# 7. 京津冀区域交通基础设施投资的有效配置 ……………………（101）
　7.1　合理布局交通基础设施，缓解经济集聚 …………………（103）
　　　7.1.1　建设"多圈层网络化"的交通基础设施 ……………（103）
　　　7.1.2　降低公路的通行费用，加强高等级公路基础设施建设 …（104）
　　　7.1.3　促进城际高铁建设 ……………………………………（104）
　7.2　加大河北地区的交通基础设施投资，提高资源配置效率 …（105）
　　　7.2.1　加大河北落后地区的交通基础设施投资力度 ………（105）
　　　7.2.2　推进以石家庄为中心的区域交通枢纽建设 …………（105）
　　　7.2.3　加强京津冀区域北部地区城际交通基础设施建设 …（105）
　7.3　构建京津冀一体化运行机制，协调交通基础设施的空间布局 …（106）
　　　7.3.1　出台"京津冀区域交通法规" ………………………（106）
　　　7.3.2　成立京津冀区域"交通一体化委员会" ……………（106）
　　　7.3.3　设立京津冀交通发展基金 ……………………………（107）
　7.4　强化政府网络合作和区域多中心治理 ……………………（107）

附录1　典型区域交通发展比较 ……………………………………（109）

附录2　本书实证部分的数据图表 …………………………………（117）

参考文献 ………………………………………………………………（125）

后　　记 ………………………………………………………………（133）

# 1.

## 引　言

## 1.1 问题提出

京津冀区域经济一体化建设的实现，必然要以交通基础设施一体化建设的实现为先决条件。2015年4月，以京津冀交通一体化为重点，中共中央政治局审议通过了《京津冀协同发展规划纲要》。2016年11月，《京津冀城际铁路网规划（2015—2030）》获批且《京津冀地区铁路枢纽总图规划》得以完成。2017年4月，雄安新区成立之后，完成了《雄安新区及周边地区铁路布局规划》，有序地推进雄安新区综合交通运输体系的规划建设，并将天津至北京新机场联络线以及天津至雄安城际铁路等路线含进规划当中。如今，京津冀区域已基本形成一个较为综合的交通运输体系，集铁路、公路、港口和航空等多种运输方式于一体，其交通运输能力水平领先全国，可与长三角和珠三角等发达区域媲美，为促进京津冀的共同发展奠定了坚实的基础。就京津冀综合交通运输体系的发展状况而言，京津冀区域不断扩大的经济规模、不断调整和优化的产业结构、实现较大提高的城市化率和居民收入水平，都推动着京津冀区域交通运输的发展，使其实现了较大跨越，主要表现为：

第一，大力支持区域协同发展战略。京津冀区域在"十三五"期间，大力发展交通一体化并实现率先突破，基本形成了"四纵四横一环"综合交通网络系统。该交通系统连同机场、港口，以高速公路、快速铁路为骨干，以普速铁路、国省干线公路为基本组成，其运输结构、能力和效率都对于地区协同发展建设和世界级城市区域的打造更为有利，成为京津冀区域的"一核、双城、三轴、四区、多节点"总体空间布局的有力支撑。而且以此形成的"轨道上的京津冀"也进一步减少了地区与地区之间出行所耗的时间和空间距离。位于该区域内的五个全国性综合交通枢纽城市，即北京、天津、石家庄、秦皇岛和唐山也不断改善，有利于这些城市经济社会的全面发展和空间规划以及产业结构的调整升级。北京和河北相关地区因为首都新机场临空经济区的规划建设得到了发展，区域发展能级也随着天津滨海机场、北京副中心综合交通枢纽、雄安新区高铁站和城际站的规划建设实现了进一步提升，由此推动了区域协同发展并提高了辐射带动力。此外，综合运输服务水平进一步提高，智能交通、绿色交通、跨省城际公交、空铁联运、海铁联运等使人们的出行更加容易，同时大大

方便了货物的流通。

第二,"轨道上的京津冀"实现平稳发展。2019年12月30日开通了早在2016年底就已开工的北京至张家口铁路。京津冀城际铁路投资有限公司运用一个公司一张网的模式,对城际轨道交通运输建设以及沿线的综合开发任务进行统筹协调,使"京津保唐1小时交通圈"的形成时间缩短以期更早服务于京津冀区域发展。2018年京雄城际铁路正式开始开工建设,2019年9月底京津冀城际铁路投资公司李营西到首都新机场路段开通。京唐城际铁路尚处于施工建设过程中,京呼高铁二通道、津承高铁、津雄高铁也仍处在施行前期的研究中。北京、天津和河北三个地区为了吸引社会资本投资参与城际铁路建设成立了京津冀城际铁路发展基金,最初基金规模为600亿元,使得京津冀城际铁路建设的资金来源得到了保障。京津城际月票制政策的实施,截止到2017年底,共计售出卡17266张,刷卡人次达61.5万人次。"京津城际高铁同城优惠卡"也以全新的版面设计面世。①

第三,区域道路交通在互联互通方面取得了突破性的进展。国家高速公路网7条首都放射线所有京内路段都已打通,京开高速拓宽工程、G111二期、京秦高速天津段等都建设完成并实现通车,唐廊高速天津段一期工程已基本建成;重点项目如津石高速、延崇高速等都开工并已经在建设中;协调推动北京地区环线的高速路线规划建设,对于舒缓北京过境形成的交通运输方面的压力具有明显成效,密涿高速和京秦高速京冀、冀津连线段的重大项目也建成通车;加强京津冀对接普通国道的建设,实现津围北二线、松兰公路建成通车,对滨玉、梅丰公路等提级实施改造工程为100公里左右。② 廊坊北三县和北京通州区公路的规划建设都实现了跨越性的进展。随着区域道路在交通互联互通方面建设的加强,当前所有京津冀地区的断头路已经打通。

对于经济社会发展而言,交通既是重要内容,也是联系纽带。尽管交通一体化进程在不断加快,但仍存在以下问题:

第一,缺少足以支持世界一流城市区域的轨道交通运输系统。虽然京津冀地区的综合路网里程和路网密度排在全国前列,但是缺少像为通勤需求服务的市郊轨道系统以及为联系不同城市服务的城际轨道系统这样的大容量、高效率和多层次的轨道交通系统。而且,就当前情况而言,京津冀区域各个核心城市

---

① 数据来源:杨永平,赵东,边颜东,李红昌.加强协同发展,促进京津冀交通一体化发展[J].铁道经济研究,2018(05).

② 数据来源:杨永平,赵东,边颜东,李红昌.加强协同发展,促进京津冀交通一体化发展[J].铁道经济研究,2018(05).

之间进行互联的通道建设尚不完善,并没有建成实质意义上的市郊铁路,北京的主要地铁模式是较为单一的,京津城际铁路在城际轨道方面只有126公里。其他城际干线作为需求较为集中的运输通道,这使得区域路线上的旅客和货物运输越来越依赖公路,交通负荷增加,当地道路网络的环境压力也随之增加,城际客运货运的需求得不到满足,无法更好地服务未来经济和社会发展。

第二,旅客和货物的运输及转运高度集中在北京,网络系统的发展欠完善。由于首都为非均衡枢纽体系与交通运输网络的中心,客货运输和转运高度集中在北京,甚至一些与北京地区毫无联系的交通运输也要经由北京中转。而天津及河北的情况却恰恰相反,两个地区的交通运输功能没能实现充分有效的利用,当地交通运输功能存在分布不均匀的问题。另外,由于城市边际交通和城市内部的交通在设计上仍然存在瑕疵,如衔接换乘方面的功能依然不完善,限制了交通运输一体化的实现,极大影响了运行效率。

第三,缺少区域协调与统筹机制。首先,就区域协调和统筹而言,京津冀地区大都以自身利益为出发点。在这三个省市中,仍然缺少以常态化、制度化为特征的审议和决策机制,为了弥补这方面漏洞,需要建立真正的长期高效的合作机制。其次,各种系统如铁路、公路、航空和城市运输等的规划之间存在统筹、协调和衔接方面的问题,无法有效整合区域内的交通设施、通道、用地等各方面的资源,使得协同效应难以有效发挥出来。最后,城市地区的交通管理职能较为分散。

第四,建设交通基础设施的资金有限,资金存在较大缺口。现代交通基础设施投资规模大、周期长,较难吸引到社会资本和私人资本,给当前交通建设发展带来了巨大的压力,同时也给政府建立交通基础设施造成了较大的财政困难。例如,河北省2015年在交通基础设施方面投资就已经达到1020亿元,2014年河北省交通运输厅的负债规模已逾3000亿元。2017年6月,河北省政府指出"十三五"期间预计在交通建设方面投资6000亿元。对河北省来讲,交通基础设施投资金额巨大,给政府带来较大资金压力。[①]

交通基础设施的建设无疑在地区经济发展中扮演着重要角色。但是由于交通基础设施具有很强的区域溢出效应,尤其随着区域市场一体化的高度发展,一个区域的交通设施投资不仅会对本地的产出、就业和私人投资产生影响,也会通过交通网络对周边地区产生效应。如果在城市交通一体化发展中忽略了交

---

① 数据来源:韩兆柱,董震. 基于整体性治理的京津冀交通一体化研究 [J]. 河北大学学报(哲学社会科学版),2019 (01).

通基础设施的这种溢出效应,将导致投资"过度",投资效率低下,引致公共资源浪费。那么,京津冀区域交通基础设施投资的效率如何?交通基础设施投资溢出效应的形成机理是什么?京津冀区域内一个地区的交通基础设施投资会对其他地区的经济产生如何影响?如何选择最佳投资地区?京津冀区域间如何进行规划、管理和联动机制上的协调?本书基于上述问题,对京津冀区域交通基础设施投资的效率和溢出效应进行研究,以期为交通基础设施的有效配置提供参考。

## 1.2　文献综述

### 1.2.1　交通基础设施投资效率的研究

现有国外文献少有单独对交通基础设施投资效率进行测算和研究。多数文献研究不同国家或者一个国家不同城市的基础设施建设效率。

Girard、Gruber 和 Hurst（1995）基于欧盟国家的基础设施建设投入和产出样本数据,运用成本收益法分析了欧盟国家的基础设施建设投资效率,然后与日本和美国的投资效率进行比较。他们通过比较发现,欧盟国家的投资效率要高于日本,但是要低于美国。Borger 和 Kerstens（1996）在研究地方政府基础设施投资效率时,运用 FDH、DEA、非随机前沿模型 DF、随机前沿模型 SF-Mean 和 SF-Mode 五种模型分别计算 1985 年比利时 589 个地方政府基础设施建设的投资效率,并对这五种模型计算出的效率进行对比。他们分析指出,这五种模型不仅计算的平均效率得分差异较大,而且根据结果来看,非参数方法和参数方法计算的效率得分排名的相关性较低。Gupta 和 Verhoeven（2001）借鉴前人的研究成果,基于 1984—1995 年 37 个非洲国家的基础设施建设投入和产出数据,运用 FDH 模型测算非洲这 37 个国家的政府基础设施投资效率,通过比较发现非洲各国政府间的投资效率差异较大。Balaguer-Coll、Prior 和 Tortosa-Ausinac（2007）从大城市和小城市政府基础设施投资效率出发,通过两阶段非参数方法,分析了作为西班牙第三大城市的瓦伦西亚和一些较小城市的基础设施投资效率,并对小城市和大城市的基础设施投资效率进行对比,他们发现大城市的地方政府基础设施投资效率更接近有效前沿面。Revelli 和 Tovmo（2007）运用空间计量模型，基于挪威 205 个地方政府的数据进行分析，他们不仅对当地政府基础设施建设投资的效率进行了测算，而且还分析了建设政府基础设施的溢出效应。研究表明，当某地方政府效率提高 1% 时，其相邻地政府的效率就会提高 0.7%，但是这种影响仅仅对相邻地区的地方政府起作用，对不相邻地区的地方政府没有影响。

Afonso 和 Fernandes（2008）运用 DEA 和 Tobit 回归方法，对 2001 年葡萄牙 278 个地方政府的基础设施投资效率进行测算，并且分析了在现有投资规模下提高投资效率的途径。研究发现：在既定投入下，绝大多数市政府基础设施投资效率都可以提高，这说明基础设施建设的规模效率较低，没有达到有效的状态，所以通过调整投资结构和方向而不是增加市政花费就可以提高基础设施建设的效率。Daiji、Fumio 和 Keiko（2009）基于 1994—1999 年间日本 47 个地方政府的基础设施建设投入和产出数据，运用柯布道格拉斯生产函数根据投入计算产出，并且分析了日本这 47 个地方政府基础设施建设投资的效率。结论表明：地方政府城市基础设施建设投资是无效的，这就解释了日本城市建设投资花费锐减的现象。Rogge 和 Jaege（2012）通过投入共享的 DEA 模型，基于 2008 年比利时弗兰德 293 个地方政府的样本数据，对固体废物收集站建设的效率进行分析。研究发现，这个模型不仅提供了地方政府在整个固体废物收集站建设中的效率，而且还估计了地方政府在各类固体废物收集站建设中的效率。Stephen P（2013）根据欧洲一些国家的地铁工程项目投入方面和产出方面的数据，对地铁计划的投入因素、产出效应以及地铁项目的投资效率计算过程中要纳入考虑的因素进行了更为详尽的分析。另外，他立足于欧洲地区地铁方面投资的实际情况，提出了由政府拥有地铁项目的所有权而私人资本拥有项目的部分运营权这样一种将铁路所有权和经营权相分离的方案。通过两部分的联合经营来达到提高投资效率的目的。Sock Y（2014）基于东南亚部分国家的基础设施项目样本数据，对投资城市基础设施项目的效率衡量方案和测算指标进行了研究。他建议根据投入和产出建立基础设施投资项目效率的指标体系，而对于如何衡量效率，他使用模糊的综合评估法对投资的效率进行评估。

国内文献也多集中于研究不同省市、城市之间的基础设施投资效率。宋敏、姚伟伟和岳瑶（2014）运用 DEA 规模可变—产出导向模型测量了 2001—2011 年间我国 31 个省、自治区和直辖市的公路投资效率。研究表明：公路投资效率呈现"年度波动幅度大，地区差异明显"的特征，投资效率最大的是东北地区，这主要得益于东北地区的交通网络连接性强、地势平坦；其次是西部地区，这是因为西部地区发展比较落后，进行公路建设后经济增幅较高、优势凸显，东部地区和中部地区分别排在第三位和第四位。何莲（2016）对城市轨道交通的投资效率进行研究，对现有的 DEA 模型进行改造，建立了适宜评价城市轨道交通投资效率的 DEA 交叉效率模型。该模型基于中国 35 座城市的轨道交通投资相关数据，对这些城市轨道交通投资的效率进行了评估并且比对剖析了不同城市的区域差异和个体差异，得出如下结论：从整体上来说，2011 年到 2015 年中国这 35 个城市的轨道交通投资效率的变化走势一般；城市轨道交通投资效率针对不同区域又存在差异，城市轨道交通投资效率所带来的收入效应和就业效应由东部地区向西部地区递减；对城市轨道交通投资采用聚类分析法得出，一线大城市要想深层次提高城市轨道交通投资效率，必须不断增加其对城市轨道交通的投资程度使其相对投资规模有所扩大。

韩玉轩（2016）通过 DEA 的 $C^2R$ 模型分析了政府在京津冀陆路运输一体化中的效率，该文将京津冀共同推进有力支持的陆路交通一体化作为突破口展开研究。基于 DEA 投入产出效率测算、回归检验等方法分析了京津冀交通设施投资效率。整体来看，交通基础设施的投资效率并不高。他指出在京津冀陆路交通一体化过程中，政府在其财政资金投入、交通产出方面均存在问题，进而提出政府应该提高交通资源利用效率，逐步完善交通网络，此外，还应该加大投资力度，拓宽融资渠道。李祺、孙钰、崔寅（2016）认为在京津冀协同发展的大背景下，城市基础设施投资效率和经济发展息息相关。他们运用数据包络分析方法测量计算了 2003 年到 2012 年间京津冀地区投资五大城市基础设施的效率。测算结果显示：京津冀五大城市基础设施投资效率从整体上来看较为良好，但不同城市之间存在差别，天津市城市基础设施投资效率水平最好，河北省最差；公共交通方面效率低下造成了北京和天津两座城市投资方面效率较差，而道路建设方面效率低下是导致河北省投资效率差的罪魁祸首。要维（2017）对比了京津冀区域十三个市投资基础设施和基础设施在建方面的状况，并基于主成分分析法充分评估了京津冀城市群对基础设施进行建设的能力，对该结果以另一种方法——聚类分析法进行验证，发现即便采用两种不同方法，其最后的评价结果仍大体趋同。从以上评价得出的结果可以看出：基于整体来看，对京津冀区域城市群基础设施进行投资的效率并不高，仅有五所城市的基础设施投资效率水平居于平均水平之上，占总城市数目的比重较小。最后从拓宽资金渠道、打破行政限制和引入市场机制等方面提出提高效率的措施。

近年来，随着"一带一路"的发展，学者们开始研究"一带一路"沿线国家或者地区的交通基础设施投资效率。

在"一带一路"66个沿线国家和地区中，蒋岱位（2018）选取了22个国家并对这些国家2009年至2015年交通基础设施方面的投入和产出进行研究，运用数据包络分析方法（DEA）中投入导向的BCC模型测算了"一带一路"附近国家投资交通基础设施的静态效率，在静态分析的基础上，他又获得了交通基础设施投资效率的动态Malmquist指数及分解。经由对静态与动态的结果进行分析得出：就目前的整体状况而言，"一带一路"附近交通基础设施投资效率较差，存在很大的提升空间，应该主要靠技术进步来带动效率提升；中东欧国家的基础设施投资效率均低于"一带一路"沿线国家平均水平；国家间的投资效率差异比较大，表现为交通基础设施完善的国家效率较低，反之则效率较高；中国的交通基础设施投资效率处于较低水平，究其原因是"十二五"期间投资模式粗放、投资规模不合理和供给侧结构性改革的影响。张晨阳和雷良海（2018）采用了数据包络分析法（DEA）并以"一带一路"沿线16个国家的交通基础设施投资数据为基础，分析了"一带一路"沿线国家的基础设施投资数据并且用曼奎斯特（Malmquist）指数分析动态效率变化趋势。得出以下结论：纵向来看，在这5年间各国的交通基础设施投资效率总体是上升的，但是在个别年份出现了下降，这是由于一些国家技术不足、缺乏创新，因此，这部分国家在进行基础设施建设的同时要不断提高自己的技术水平并引进国外先进技术、鼓励创新，从而提高基础设施的投资效率；仅就纯技术效率而言，这16个国家的效率大体是没有变化的，规模效率基本保持一致，但某些国家在规模效率方面存在逐渐下降的情况，因此为了从整体上提升各个国家的投资效率，我们要相应减少投资规模报酬逐渐下降地区的投资，而加大投资规模报酬逐渐增加地区的投资。郝凤霞和刘子涵（2019）以2007—2017年间"一带一路"国内沿线18个省市的数据为基础，运用DEA模型测算这些省市的交通基础设施投资效率，通过分析交通基础设施投资效率认为，国内沿线18个省市的基础设施投资效率差异较大，呈现出比较明显的东西差异，在这十年间区域间的效率均有所提升但是区域间差异并没有缩小；基础设施投资纯技术效率比规模效率对综合技术效率的影响更大，说明技术水平的提升比优化资源配置对经济的推动作用更大。

### 1.2.2 交通基础设施投资效应的研究

对于交通基础设施投资效应的问题，国内国外的学者都对此展开了大量的研究，然而大多数的学者仅仅是针对交通基础设施投资对当地的影响进行探讨（Munnell，1990；Finn，1993）。

Démurger (2001) 为我国基础设施投资与经济增长的关系提供了实证证据。他利用 1985—1998 年中国 24 个省（不含直辖市）的面板数据，对增长模型的估计表明，除了改革开放的差异外，地理位置和基础设施禀赋确实显著地解释了观察到的跨省增长表现差异。结果表明，交通设施是解释增长差距的一个关键区别因素。

范九利和白暴力（2004）基于 1996—2000 年中国的年度混合数据，采用生产函数法，从全国各个地区的不同角度出发进行分析，评估基础设施生产对经济增长的影响以及不同地区层次之间的差异。基础设施对于经济增长具有重要作用，各级政府应将基础设施投资视为发展的主要产业和部门，应增强中西部地区的基础设施方面建设。根据实证研究结果来看，投资基础设施对当地经济增长具有重要影响，并在促进发展方面发挥着更重要的作用。

郭庆旺、贾俊雪（2006）根据中国 1981 年至 2004 年的年度数据，使用 Granger 因果检验、脉冲响应函数和方差分解（基于向量自回归框架）研究中国投资基础设施对产出的影响，得出以下结果：不管是从整体来看还是仅就基础设施的投资组合都对产出产生了持久的积极影响而且滞后周期相对较短，同时可以推出两个结论：要想使经济增长较快且具有连续性就得重点关注基础设施投资；政府为了实现宏观经济较快且平稳的增长，需要对实际的产出与潜在的产出增长率进行对比，先确定宏观经济运行状况的当前情况，而后对投资基础设施的力度预先进行谨慎有序的调节。

张学良（2007）分析了我国不同地区交通基础设施发展状况的差距以及中国交通基础设施发展与地区经济增长二者的关系，研究得出：我国的经济增长和交通运输在不同地区分布有所差别并显示出极为明显的空间聚集性，交通基础设施和经济增长呈现出从东部地区向西部地区逐渐递减的趋势，东部沿海地区较为集中，而对中部地区来说对经济增长影响最大的是交通运输，因此交通先行在中部崛起中起着重要的作用。因此，张学良认为，中部崛起必须交通先行；东部地区的三个主要经济区域，即长江三角洲、珠江三角洲和京津冀区域，不仅要让交通基础设施有量的提高，而且要使交通基础设施获得质的飞跃，从而确保一个高度现代化和运营结构全面的综合运输系统，通过推动交通运输体系的一体化来实现这三大经济区域的一体化，同时加大对西部地区交通基础设施的投资力度。

刘生龙、胡鞍钢（2010）基于我国 28 个省、自治区和直辖市 1987 年至 2007 年交通基础设施和经济增长的面板数据，研究了交通基础设施对我国经济增长的效应和对我国地区经济差异的影响，最终得出结论：交通基础设施对加快我国经济增长具有重要的积极作用，交通基础设施条件不同和不同地区区域位置的差别都在中国区域经济发展差距中发挥着重要作用，不同的交通基础设施很可能是造成我国区域经济差距的重要原因之一。

关于交通基础设施投资区域效应的研究主要针对交通基础设施区域溢出效应的检验。国外学者较早关注交通基础设施的溢出效应，然而并没有找到趋同的结果。Munnell（1992）指出，交通基础设施有使生产力外溢的作用进而表现出正面的溢出效应，之后的一些研究分析也佐证了该结论（Berechman et al.，2006；Cantos et al.，2005；Del Bo 和 Florio，2012）。Boarnet（1998）提出其他地区的交通基础设施会影响当地的经济活动并使其产生转移进而呈现出负面的溢出效应。生产性公共资本的一个模型表明，当投入因素是流动的，一个地方的公共基础设施投资可以将生产从其他地方吸引过来。在线性生产函数框架中，这种效应表现为公共资本的负产出溢出。他利用1969年至1988年加州各县的数据，这种负面溢出效应也在"街道—高速公路"资本的案例中得到了证明。Holtz-Eakin 和 Schwartz（1995）、Ozbay 等（2007）、Sloboda 和 Yao（2008）、Gomez-Antonio 和 Fingleton（2012）通过调查高速公路对生产和长期就业的效应都从中捕捉到了负面的空间溢出效应。

国内学者刘勇（2010）以公路、水运交通为例，验证了交通基础设施投资对区域经济的空间溢出效应，发现从全国范围来看公路水运固定资本具有正向溢出效应且该效应跟随时间的变化呈现一种逐渐增长的态势。此外，公路水运存量固定资本的空间溢出作用对于不同地区有很大差异，区域外存量公路水运资本对东部沿海区域的经济发展进步具有显著的积极影响，对中部区域的经济发展呈现一种从消极影响到积极影响的过渡过程，而对于西部地区的经济影响在1995年以前是积极影响，对1995年之后则影响效果并不明显。而且刘秉镰、武鹏、刘玉海（2010）研究得出高速和二级公路对本地区全要素生产率的带动作用远小于空间溢出效应。

张学良（2012）基于多维因素对中国区域经济增长的共同作用，建立了一个空间溢出效应模型用以研究交通基础设施对经济增长的效应。研究结论表明：我国交通基础设施在促进区域经济增长方面的空间溢出效应极为明显，如果未将空间溢出效应的影响纳入考虑范围，交通基础设施对区域经济增长的影响将被放大。在中国，区域外交通基础设施对本地区经济增长的影响主要是积极的溢出效应。构建交通运输体系作为区域经济发展与社会活动之间的纽带，可推动生产要素在区域之间的流动并加快形成区域经济一体化。除此之外，区域经济增长本身具有明显的空间依赖性，其自身具有的空间溢出效应，不仅促进了交通基础设施的完善，还在加快本地区和其他地区经济增长中扮演着重要角色。然而与此同时空间负溢出效应的证明也找到了，这与人口的高流动性和人口的单向流动特性有密切关系，交通基础设施的发展将加速人口向经济发达地区的流动，并阻碍不发达地区的经济增长。

胡艳、朱文霞（2015）进一步比较了东西部区域交通基础设施的空间溢出效应。两位学者利用我国30个省份2001—2012年的省级面板数据，并在模型中加入代表不同经济含义的空间权重矩阵，对我国不同区域不同分类的交通基础设施对中国经济增长的影响进行了分析，包含本地交通基础设施对经济增长的效应以及其他地区的空间溢出效应。本次研究表明，从整体上来看，交通基础设施发展对区域经济增长的空间溢出效应很显著，而且对简单相邻的不同地区产生的空间溢出效应小于由经济联系地区所产生的，这种经济在空间上的集聚加快促进了其他地区的经济发展；与东部和西部相比，中部地区的交通基础设施发展对经济增长的正效应最显著。

张方、陈凯（2016）则通过对中国2003—2013年省级面板数据进行实证检验，认为中国各地公共投资与本地区经济呈正相关关系，但与邻近地区经济呈负相关关系，区域经济增长尚未形成技术外部性。区域经济发展不仅受到公共投资刺激就业和乘数效应的直接影响，而且受公共投资长期吸引外地流动性生产要素的间接影响，使经济活动集中在被投资地区，并通过货币的外部性加快推进区域经济繁荣发展。但是邻近地区针对流动性的要素存在竞争使得公共投资对相邻地区的经济发展产生了消极影响，地区的公共投资可以增强该地区竞争优势，并削减附近地区的竞争优势。这种空间溢出负效应可以用来解释以往的研究结论，即全国层面的公共投资对经济增长正效应不明显。

此外，值得关注的是，杨友才、赖敏晖（2009）、骆永民（2010）等研究发现中国31个省级基础设施投资效率不仅对邻省具有空间溢出效应，而且投资基础设施的效率对经济发展的影响也跟着人均国内生产总值的增加和人均固定资产投资的增加而增大，由此可以得出基础设施能够促进区域经济发展，加快推进经济一体化的实现。这一实证结果或许可以为本研究提供佐证。

### 1.2.3 区域协调发展中交通基础设施投资有效配置的研究

从20世纪90年代开始，兴起了基于美国大都市区区域性发展经验的新区域主义。以目的导向的网络合作提出了包含与私人服务供给者同样的市政当局、不同层次政府机构的大都市区问题。这种新观点表明，大都市区的有效治理并不一定需要制度性的整合，它认为大都市区的管理可以通过在政策利益相关者之间的谈判中建立的合作安排来实现。

  国外大量案例研究认为，区域及城市的区域公共问题是通过各种不同层级政府与私人部门组成的合作与协调网络来解决的（North 和 Wallis, 1994；Savitch 和 Vogel, 2000；Thurmaier 和 Wood, 2002；Haus 和 Heinelt, 2005；等等）。Agranoff 和 McGuire（2003）认为，协同网络是政府机构、非营利组织的集合，以及当单一公共机构无法自行创造商品或服务或者私营部门无法或不愿意提供所需数量的商品或服务时，共同提供公共物品、服务或"价值"。Feiock（2007）对自愿性区域治理提出了"第二代"的理性选择解释。它确定了激发地方间合作的利益，并认为自愿协定产生于动态的政治承包过程，在这一过程中，利益超过了谈判协定的交易成本。解释了具体的社区特征以及正式和非正式的制度安排如何降低信息协调、谈判、执行和代理的交易成本。基于该框架的逻辑，提出了一系列关于这些环境因素如何影响合作行动交易成本的命题。地方政府间的嵌入性关系已积累形成了多元化的区域合作网络，包括健康、公共安全、环境保护、基础设施和大量其他市政服务网（Isett，Mergel 和 Leroux，2011）。

  国内学者提出需要政府间和公私间的合作来解决区域公共问题，这种合作所形成的网络体系是具有不同背景和权力的参与者和机构的异质混合，而且这些解决公共问题的主体所界定并提供的区域性公共服务是独立于制度管辖边界的。新区域主义视角下的大城市管理重点是建立公共机构与私人主体间的联系，而不是关注制度性的结构与地方自治行为。新区域主义不是聚焦于科层制或基于市场化的竞争，而是将大城市管理视为各种政策相关主体之间的博弈。

  张紧跟（2010）指出，从新区域主义角度出发，要想从根本上解决大都市区管理的问题，仅靠由上及下的行政整合和类市场化竞争是不可能实现的，大都市区域治理有赖于区域内不同利益主体进行参与和商讨。这样才能够表达出大家关心的重要区域公共问题，从而问题也就化繁为简了。当前我国的城市区域经济发展由行政性整合到市场化竞争再到以地方政府为导向的地区间合作，然而这仅仅克服了部分问题，并不能使问题从根本上解决。当下我国若要全面提高综合承载力，形成以大城市辐射带动发展的城市群，促进新的经济增长，都依托于城市区域的有效治理。所以，当下中国应当借鉴美国城市区域治理的丰富经验，并加快从区域政府间合作过渡到区域治理的步伐。大都市区治理超出了既定地方政府的管理范畴，是由两个或多个地方辖区共同组成的治理结构，区域间的治理不仅涉及不同区域主体之间的竞争，也有合作，具备网络化形态组织载体的区域治理不仅有机地重整了本区域中的某些资源，而且规避了因为地方资源的高度分散使用而造成过度建设和浪费资源情况的出现，使资源利用效率得到了极大的提高。经合组织的报告还着重指出，城市区域的有效管理应该涵盖从区域政府管理到区域治理，替代以往的上级下达命令驱动模式的参与式治理，提倡各种形式的参与并使用更加透明的决策流程，构建公共部门间和公私部门之间的协作伙伴关系。

沙治慧（2012）认为，由于公共投资规模的逐渐增大，要想实现区域经济协调发展，必须处理好公共投资和经济增长之间的区域协调性。如果我们随意地增加欠发达地区的公共投资规模，却忽略了与区域经济发展相适应的公共投资结构调整，公共投资的收益率将会逐步降低，从而导致新的经济不公正并阻碍区域经济发展。由此可以得出，现阶段我们应该聚焦于优化公共投资结构上：第一，我们应该根据当前现实情况以公共投资促进区域经济增长为目标，以底子弱、整体发展能力较差的地区和项目为投资重点，也就是重新确定公共投资的优先顺序。第二，根据受益对象满意度和特定需要来决定公共投资的优先顺序。换句话说，优先考虑公共投资受益人最有意向投资的各种项目，尤其是与生产和生计密切相关的需大量资金支持的基础设施项目。而对于那些公共投资受益对象进行投资意向较弱以及满意度较低却又与区域经济发展关系密切的公共投资项目，重点分析该现象出现的原因并确定其排序位置。第三，分析各地区供给不同公共投资项目的效率并对具有地域差异的公共投资项目进行排序。第四，为了给决策提供科学依据和程序基础以优化公共投资布局并提高公共资源规划的效率，综合考虑了多方因素，构建一个优化公共投资空间布局的多目标分析理论模型。

伍凤兰、陶一桃（2015）认为区域一体化的加速造成了区域公共产品供应的短缺。区域内的各政府在区域合作一体化中扮演着给区域内的居民供给公共产品以及提供公共服务的角色，区域内的公共产品不但没有解决传统公共产品供给上存在的问题，而且由于供给主体自身特性加之双重委托—代理关系的存在，使得供给有效性的问题更为复杂。对珠江三角洲地区公共产品的配置效率展开分析，从产出效果看，各地政府在提供公共产品的时候多偏向于使当地居民自身利益最大化的恶意型公共产品，而对具有更大溢出效应的善意型公共产品较为排斥。除此之外，还有诸多因素影响着区域公共产品的配置效率，如：

辖区政府间纵向与横向的关系，政府和非政府的组织以及社会公众间的关系等。政府可以在提供公共产品进程中做出行之有效的制度安排，以此来鼓励各地政府之间针对公共产品的提供情况进行商讨、谈判和利益上的补偿，最后达成"双赢"甚至是"多方共赢"的结果。

陈旭佳（2016）认为若要均衡配置公共资源，应当关注以下几个方面：第一，对不同地区政府的潜在财政能力进行测算。在此基础上，将不同区域地方政府的财政努力程度视为转移支付资金配置的主要参考标准，依照不同地区居民对公共服务实际需求的差异，以均衡地方政府财政能力为目标进行一般转移支付，加大对经济落后地区的财政支持力度，不断提高偏远地区基层政府供给公共服务的能力。第二，各地政府应当注重本区域内部公共服务资源的实际配置情况，了解公共服务资源在本区域内配置的不足之处以期优化配置公共服务资源，可以通过建立区域内部不同政府部门的横向财力补偿机制，推动本区域内部公共服务资源的均衡配置。第三，要合理划分各级政府间的事权与支出责任，理顺政府间的权力与责任范围，加快推动权责清单的编写制作工作，通过各级政府间事权与支出责任相适应财政体制的建立，实现公共服务资源的均衡配置。

此外，多位学者提出，不同地方政府之间利益的冲突导致了地方政府间存在着竞争，政府应当摒弃对抗竞争的观念，建立合作机制，明确政府在资源配置中的地位及作用，取得共赢，从而促进区域间公共投资的有效配置，实现整体性治理。

陈剩勇、马斌（2004）指出，我国要实现区域经济一体化发展，必须建立区域政府合作机制，以中央政府的政策为导向，使区域内部各地方政府达成整体利益的共识，通过建立各级政府不同部门之间的合作机制，在成立组织、制定相关政策等方面实现互利互惠，促进区域整体利益的发展，形成区域整体优势。这一制度的实现需要政府力量的介入，否则几乎没有其他力量和制度渠道来推动实现这一制度。当然，在社会主义市场经济体制下，以政府的力量推动区域经济一体化的形成，并不代表以政府替代市场主导，而是通过政府这一有力的行政力量，推动区域内各地方政府共同合作，一起尝试努力并以市场为导向进行制度创新，建设一体化制度平台，优化配置区域内的社会经济资源。

允春喜、上官仕青（2013）指出，由于公共品的溢出效应和跨界关联的存在以及公众对公共产品需求的增大，地方政府之间进行有效合作迫在眉睫。如今在经济发展全球化和区域经济一体化背景下，跨界公共问题日益突出，仅仅依靠一级政府的力量难以实现公共服务资源的有效供给。因此，区域内不同地方政府的合作行为是正确的战略选择，符合区域内各方的共同利益。区域内的地方政府可以打破行政级别，构建各方地位平等的合作关系，借助政府行政力量，在实现自我发展目标的同时，推动区域整体目标的实现，既有利于改善区域内行政环境、优化公共资源的配置，也有利于实现可持续发展。地方政府应当转变竞争观念，认识到只有合作才能取得互利共赢。他们提出从三个方面进行改变：第一，在发展观念上实现思路的统一，在相关统筹规划部门的协调下，使各地方政府充分认识到合作发展的必要性，在实现自己发展目标的基础上商定区域发展目标。第二，建立良好的信息沟通机制，避免由于信息不对称导致利益损失。可以通过定期召开交流会的方式，在不断地沟通中找到最佳的合作方式。第三，在工作思路上各地方政府应从行政区行政转变为区域整体协作性治理。在社会主义市场经济体制下，以市场为导向，尊重市场规律，同时引入行政力量，搭建互利共赢的发展平台，打破曾经的体制壁垒，充分发挥市场的配置资源作用，促进公共资源的合理配置，实现政府职能在区域协作中的转变，提高各级政府协调发展水平。

### 1.2.4 文献评述

综上所述，现有国内外文献已对交通基础设施投资效率、溢出效应及有效配置进行了广泛且深入的研究，但仍存在以下几点不足：一是在交通基础设施投资效率研究方面，缺乏京津冀区域内交通基础设施投资的效率研究。二是在交通基础设施投资溢出效应的研究方面，视角仅限于东中西部、城乡间或城市间，鲜有文献研究城市发展一体化区域内交通基础设施的溢出效应及其最佳投资地区。三是已有文献通过实证方法对交通基础设施溢出效应的判断仅限于有和没有、大和小的定量判断上，如何计算一个地区接受交通基础设施投资溢出效应的多少，并按照交通基础设施投资对产出、就业和私人投资总效应（包括溢出效应）的大小进行排序，由此来解决城市一体化区域内交通基础设施投资最佳地点选择问题，这是现有文献研究的空白之处。四是交通基础设施投资对经济增长、就业的增加和私人投资的拉动具有长期和动态效应，现有文献缺乏动态性的研究。本研究尝试通过 VAR 模型和累积脉冲响应函数对交通基础设施投资的溢出效应进行动态分析。

## 1.3 主要概念界定

### 1.3.1 京津冀区域

京津冀区域有中国的"首都经济圈"之称,涵盖了北京、天津两个直辖市和河北的唐山、石家庄、沧州、邯郸、保定、廊坊、邢台、秦皇岛、衡水、张家口、承德等十一个地级市。其中,北京市、天津市、廊坊市、保定市为中部核心功能区。2017年4月1日,在中共中央、国务院的决议下,河北雄安新区设立,包括保定下辖的雄县、容城和安新三县以及附近部分地区。

### 1.3.2 交通基础设施

交通基础设施是基础设施的一种,具有基础设施的一般特征,包括网络性和外部性等。同时,交通基础设施又归属于狭义的基础设施,是直接为生产与居民生活提供服务的生产性基础设施。本书的交通基础设施涵盖交通运输线路(铁路、公路、航道、管道、水路等)、交通运输港站(如机场、车站、码头、港口等)及其附属设施(如收费、加油、救援、维修、服务站等)和支持系统(如设施的专用通信信息网和交通管制、调度、安全、导航、监控等现代化装备系统)。

### 1.3.3 溢出效应

溢出效应(spillover effect),等同于外部性,是指某一经济体的生产或者消费行为对其他经济体产生的伴生影响。这种影响可能是积极的,也可能是消极的,但由于这种伴生影响而获得的收益或者造成的损失没有通过价格(或市场交易)反映出来,即出现了所谓的溢出效应。本书将溢出效应界定为:一个地区交通基础设施的投资对其相邻地区产出、就业和私人投资产生的影响,可分为正溢出效应,即促进了相邻地区产出、就业和私人投资的增加,相反则为负溢出效应。

## 1.4 研究方法与研究结构

### 1.4.1 研究方法

（1）数据包络分析法与比较分析法

运用数据包络分析法测算了1997—2018年京津冀区域内北京、天津和河北的交通基础设施投资效率，并对三省市的效率值进行横向和纵向比较，按交通基础设施投资效率值的大小进行排序，以确定最佳投资地区。比较分析了长三角、珠三角国内典型区域和以纽约为中心、以东京为中心、以伦敦为中心的国外典型区域在交通基础设施配置现状与地方政府间协调方面的经验，为京津冀区域交通基础设施投资的有效配置提供参考。

（2）VAR模型与脉冲响应分析法

为了计算京津冀区域交通基础设施投资的溢出效应，本书以产出、就业、本地区交通基础设施投资、区域外交通基础设施投资和私人投资的增长率构建VAR模型，利用乔里斯基（Cholesky）分解和脉冲响应分析测算了北京、天津和河北地区内外交通基础设施投资对三省市产出、就业和私人投资的效应，以此来研判京津冀区域交通基础设施投资的最佳地点及其动态变化。

### 1.4.2 研究结构与主要内容

本书首先介绍了京津冀区域交通基础设施的发展现状，并测算了北京、天津和河北的交通基础设施投资效率。其次，基于交通基础设施的网络性和外部性理论，剖析了交通基础设施溢出效应的形成机理、交通基础设施建设一体化与地方政府间协调机制。再次，运用VAR模型测算了京津冀区域内北京、天津和河北交通基础设施投资的产出、就业和私人投资效应，以此确定最佳投资地点。最后，结合国内外典型区域交通基础设施配置的经验，提出优化京津冀区域交通基础设施配置的政策建议。总体分析框架如图1-1所示。

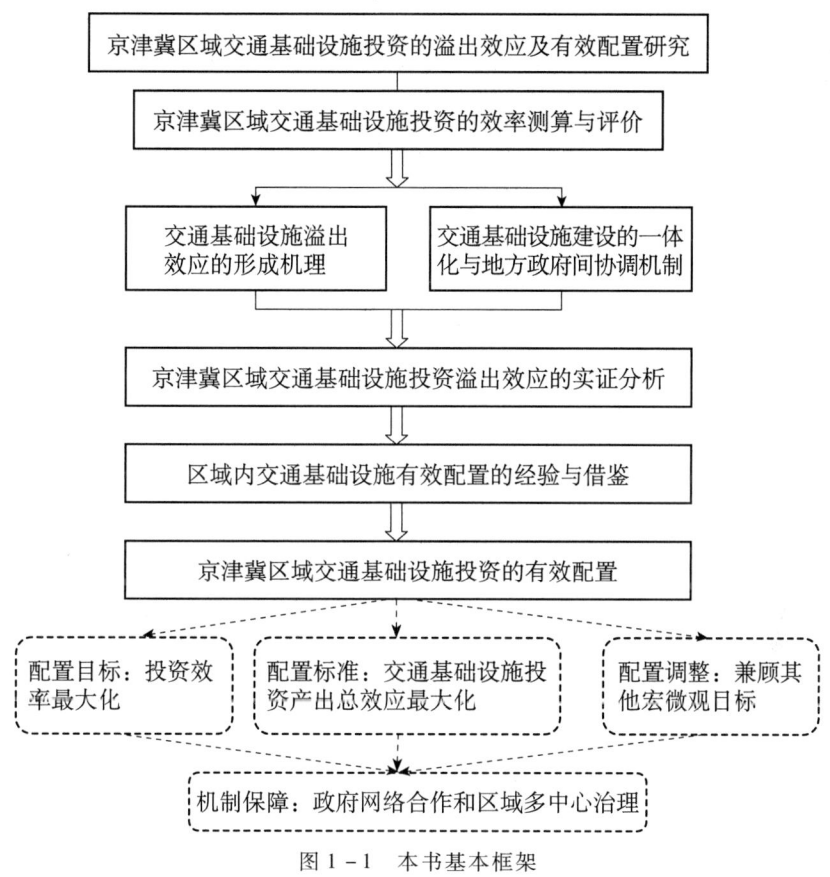

图1-1 本书基本框架

## 1.5 本书的创新与不足

### 1.5.1 创新之处

1. 运用数据包络分析法测算了京津冀区域内北京、天津和河北的交通基础设施投资效率，并对三省市的效率值进行横向和纵向比较。结果表明：投资效率由高到低依次是河北、天津、北京；不同地区的交通基础设施发展阶段以及人工、土地成本的不同是影响效率差异的主要因素；从效率最大化角度出发，最优投资地点是河北。

2. 基于 VRA 模型的脉冲响应分析，本书计算了京津冀区域北京、天津和河北三省市的交通基础设施投资对本地区就业、产出和私人投资的溢出效应。研究结果表明：一是无论从产出、就业还是私人投资的动态效应看，北京都是最大的溢入地区，天津次之；河北一直受负效应的影响，虽然在第 15 年左右有短暂几年的正收益。这表明交通基础设施投资促进了产出、就业和私人投资逐渐向北京、天津集中，省际经济发展存在以邻为壑的现象。二是从京津冀区域整体效应（产出、就业和私人投资）最大化出发，投资最优地点选择依次是：河北、天津、北京。

### 1.5.2 不足之处

一是限于数据的可得性，本书没有测算河北省内的唐山、石家庄、沧州、邯郸、保定、廊坊、邢台、秦皇岛、衡水、张家口、承德等地级市的交通基础设施投资效率和溢出效应，如能做到市级分析会更好。二是由于 2004 年交通基础设施投资的统计口径进行了调整，2000—2002 年的数据来源于《中国统计年鉴》的交通运输、仓储和邮政行业，本书将交通运输业的数据从该行业中剥离出来，这些都会影响交通基础设施投资数据的准确性，对测算结果产生略微影响。

# 2.

# 京津冀区域交通基础设施投资效率的测算与评价

# 2. 京津冀区域交通基础设施投资效率的测算与评价

城市一体化之所以是未来经济发展的推动力在于其充分发挥了区域内各个城市的优势，从而形成功能互补、经济依存、基础设施共享的网络群体。因此，实现基础交通设施投资效率的最大化是评价城市凝聚力、竞争力的核心指标。本部分研究内容包括：一是京津冀区域交通基础设施的发展状况。二是京津冀区域交通基础设施投资效率的测算。本书采用数据包络分析法（DEA），运用 DEA-SOLVER Pro5.0 测算京津冀三地交通基础设施投资的效率。三是投资效率的评价。基于 DEA 测算结果，评价京津冀一体化区域内城市交通基础设施投资的效率，以此判断最佳投资地区。

## 2.1 京津冀区域交通基础设施的发展状况

### 2.1.1 "三主一支持"阶段

1992 年，中国确定的改革目标是建立社会主义市场经济体制。随着我国在交通运输方面改革开放进程的不断推进，各种运输方式也实现了跨越式的发展。自 1997 年开始，我国持续进行了 6 次铁路大提速。对于公路和水路施行"三主一支持"计划，即：以公路为主骨干、水运为主通道、港站为主枢纽以及支持保障系统。随后陆续成立了民航机场建设费和基础设施建设基金、铁路建设基金、内河航运建设基金等①。公路建设投资进入"快车道"，高速公路建设大规模兴起。农村公路的修建在"修好农村路，服务城镇化，让农民兄弟走上油路和水泥路"② 发展口号下进入了白热化阶段。国家大力推进港口建设和港口管理体制改革。《中长期铁路网规划》和《国家高速公路网规划》等发展规划逐步推出。国家极力提高交通运输公共服务的保障水平，全方位地进行城乡客运、城

---

①② 中华人民共和国国务院新闻办公室. 中国交通运输发展白皮书 [R]. 2016 年 12 月 19 日.

市公共交通运输服务以及交通安全应急救助等方面的项目落实。随着全国交通运输的迅速发展，京津冀的交通运输发展也取得了显著成绩。

（1）北京

北京道路包括城市公路、农村公路、一般公路、高速公路等几个部分。截至2017年底，全市道路总里程和公路总里程分别是1978年的3.1倍和3.4倍，各自为6359公里和2.2万公里。自20世纪90年代，北京交通运输建设迅猛发展。1992年二环路作为我国首条全立交、全封闭、无红绿灯的城市快速环路正式投入运营。1994年三环路竣工，2001年四环路贯通，2003年五环路投入运营，2009年六环路正式通车。北京市在一般公路修建上采取"建养管并举"的方针，即：开发建设、养护和综合管理齐头并进。截止到2017年年底，本市公路密度为135.44公里/百平方公里。另外，北京市在农村公路修建方面以"四好"为目标。北京在20世纪90年代末在全国范围内最早实现"乡乡通油路"。2005年，北京市农村公路增加了2000公里，总道路里程共计1.25万公里，在全国范围内最早实现"村村通油路"。截止到2018年6月，全市农村公路总里程占全市公路总里程的77%，共计17070公里。①

（2）天津

20世纪90年代以来，天津高速公路打破零纪录，通车道路里程共计30公里，这之后高速公路的建设进程持续加快，截止到2018年，天津市高速公路的通车总里程已经是1990年的42倍，共计1262公里。21世纪以来，天津市在公路建设方面的投入逐年递增，在2010年到2015年间累计投入金额已达718.45亿元，平均每年投入金额将近120亿元，在此期间进行公路建设的金额投入是1949年新中国成立至改革开放前进行公路建设所投金额的323.6倍。截止到2018年，天津市公路通车总里程已经是1979年总里程的4.6倍，共计16257公里；公路的路网密度在全国范围内排第8名，实现了乡镇和行政村的公路通达全覆盖。地下铁路飞速发展，2006年天津市地铁1号线正式投入运营。2012年地铁2、3和9号线陆续建成通车，自此地铁的线路网络基本成型。由于天津是我国率先从事民航运输的城市之一，故而有"中国民航摇篮"的美誉。1995年，"天津滨海国际机场"的名字取代了"天津机场"，成为国际定期航班机场、国内干线机场。内河运输发端于漕运，在天津港和天津市的形成与发展中扮演了关键角色，是天津港水路运输最早的运输方式。进入2002年，天津对海河两岸进行了规划建设，这是海河自近代以来的一次最大规模的改造。目前，海河两岸已经是

---

① 数据来源：北京市人民政府网。

自成风格、国际一流的风景线，海河游船也变成了宣传、展示天津的名帖。[①]

(3) 河北

1987年3月，河北首条自行建设的高速公路也就是京石高速公路开工，它的建设使河北成为在全国范围内为数不多的最早修完高速公路的省份之一，故而京石高速有"河北第一路"之称。1990年9月，京津塘高速公路在河北路段完工并投入使用，自此河北省也拥有了首段双向四车道的高速公路。20世纪90年代，道路运输业逐渐繁荣起来，河北省的客货运输能力和运量都快速增长。港口建设的进程也逐步推进，截至1992年年底，河北省港口设计通过能力9360万吨，泊位共计28个。与此同时，地方的铁路事业从"文革"的阴霾中走出来并取得了较大发展，地方铁路的延展里程比1978年多了323.3公里，共计886公里。在这时期，全省加大了高速公路的修建力度，截止到1999年12月，河北省的高速公路通车总里程突破1000公里，是全国范围内第二个高速公路通车总里程突破1000公里的省份。道路运输管理部门在加紧道路网络建设时，着眼于培育和发展市场从而使得道路运输保障水平有了显著的提升。另外，沿海诸多港口也在秦皇岛港、京唐港和黄骅港的引领下协同发展，整体实力显著提升。进入21世纪，河北省交通运输保障水平明显提高，公路、铁路、港口和航空建设方面都取得了显著成绩。[②]

## 2.1.2 综合交通运输阶段

党的十八大以来，国家加快现代综合交通运输体系建设，交通运输发展进入了综合交通运输阶段。2013年，"四个交通"——综合交通、智慧交通、绿色交通、平安交通加快建设，国家围绕三大发展战略，即"一带一路"、京津冀协同和长江经济带制定交通发展规划。国家加速构建综合交通基础设施网络体系，使不同运输方式合理衔接；推动物流业的发展进程，提高综合交通运输服务的保障水平；对交通运输的基本公共服务增加供给并加强管控，为较为集中的贫困区域提供交通基础设施、城乡客运以及城市公交运输发展上的支持；使区域交通发展协调推进。

(1) 北京

2018年8月，北京地区环线高速公路完成了全线通车。1986年京石高速公路

---

[①] 数据来源：张义昌，李芸. 辉煌七十年数字看交通 [J]. 天津经济, 2019 (12).

[②] 数据来源：交通运输部网站.

也就是现在的京港澳高速公路一期开始建设，2017年12月京台高速在京路段建设完成并投入使用，《国家高速公路网规划》里七条以北京为首发站的首都高速放射线（京港澳高速、京台高速、京沪高速、京哈高速、京藏高速、京昆高速、京新高速等）都已全面开通。截止到2018年6月，首都高速公路上ETC专用车道已有621条，人工车道有1216条，所有车道均已实现电子支付，ETC的用户共计380万人。近些年，北京的发展日新月异，居民对交通出行的需求也发生转变，轨道交通在整座城市交通出行中占比逐渐提高，全市轨道交通的总里程与日俱增，截止到2017年年底，北京市在运营地铁线路共22条、地铁运营里程达608公里，有车站共计370座，包含中转换乘站56座，在高峰时间段发车的间隔时间最少可以降低到2分钟以内，平均每天的客运量共计1035万人次，位居世界榜首。[1]

（2）天津

天津铁路最早可追溯到公元1881年（清光绪七年）建成的"唐胥铁路"，是中国铁路的起源，距离现在已经有一百三十多年的历史了。2008年的北京奥运会前夕，京津城际铁路高速列车——我国第一条高标准、时速可达350公里/时，正式开通运营。2011年6月30日，津沪高铁时代开启。2013年12月1日，津秦铁路开通运营。2015年12月28日，津保铁路投入运营，从天津出发开往东北地区、华北地区以及华东等地的快速客运通道已形成网络。京津石中心城区和附近城镇的一个通勤圈仅需要0.5—1小时；京津保交通圈仅需要0.5—1小时。快捷交通圈的形成促进了区域空间布局优化和产业结构转型升级。2018年，天津铁路旅客发送量共计5075.31万人、货物的发送量达9247.70万吨，津沪一天往返由理想成为了现实。截止到2018年，地铁线路1、2、3、5、6和9号均投入运营，基本形成了地铁运行网络，地铁的运营里程共计219公里，年客运量达到4.08亿人次。另外，天津机场双跑道同时启动，航站楼的面积比1978年扩大了66.2倍，如今已达到36.4万平方米。2018年，天津机场拥有188条运营客运航线，可与130座城市通航；旅客吞吐量超过2350万人次，货邮吞吐量共计25.88万吨。[2]

（3）河北

河北东临渤海、内环首都北京市和天津市，位于新亚欧大陆桥的东侧，作为华东、华南和西南等地区衔接"三北"地区的纽带，是国家铁路网络规划的关键节点，也是全国放射状公路的重要枢纽。河北省的交通运输网络已趋于完

---

[1] 数据来源：北京市人民政府网。

[2] 数据来源：张义昌，李芸. 辉煌七十年数字看交通［J］. 天津经济，2019（12）.

善，呈现出一幅"南北贯通、东出西联"的交通格局，具有综合性且富有现代化色彩。2019 年，河北省公路的通车总里程共计 19.3 万公里，在全国排第 11 名，密度为 103 公里/百平方公里，其中，高速公路的通车总里程达 7279 公里，居全国第 2 位，市市间实现高速公路直接连通，实现 98% 的县 30 分钟上高速；普通干线公路通车总里程共计 1.9 万公里，其中，二级及以上的公路占比为 88.8%；农村的公路通车总里程共计 16.7 万公里，位居全国第 9 位，2013 年已实现所有行政村通油路、通客车。目前河北拥有唐山、黄骅、秦皇岛三大亿吨级港口，已经和世界上超过 400 个港口进行贸易来往，通过能力全国第二，达 11 亿吨；铁路总营运里程全国第二，达 7162 公里，其中快速客运铁路里程 1020 公里，地方铁路延展里程 2471 公里；拥有民用机场 6 个，年旅客吞吐能力达到 2200 万人次，其中，石家庄正定国际机场旅客吞吐量突破 1000 万人次，跻身千万级大型机场行列。①

## 2.2 京津冀区域交通基础设施投资效率的测算

### 2.2.1 模型与方法

DEA（Data Envelopment Analysis）方法又称数据包络分析法，是由美国运筹学家 A. Charnes 和 W. W. Cooper 于 1978 年提出的一种数量分析方法。该方法是利用线性规划模型评价具有可比性决策单元（Decision Making Units，DMU）的相对效率，该方法在处理多指标投入和多指标产出方面具有优势。

设有 $n$ 个决策单元（DMU），每个 DMU 分别有 $m$ 种和 $s$ 种类型输入和输出，$X_j = (X_{1j}, X_{2j}, \cdots, X_{mj})$ 表示被评价系统里第 $j$ 个 DMU 的输入向量；$Y_j = (Y_{1j}, Y_{2j}, \cdots, Y_{sj})$ 表示被评价系统里第 $j$ 个 DMU 的输出向量；用 $\theta$ 表示效率指数，$S^- = (S_1^-, S_2^-, \cdots, S_m^-)$ 表示由与投入相对应的松弛变量组成的向量；$S^+ = (S_1^+, S_2^+, \cdots, S_s^+)$，表示由与产出相对应的剩余变量组成的向量，可建立在固定规模报酬条件假设下的 CCR 模型，如下所示：

---

① 数据来源：河北交通运输厅网站。

$$\min \theta - \varepsilon(e^{-T}S^- + e^{-T}S^+) = V(\varepsilon)$$

$$s.t. \begin{cases} \sum_{j=1}^{n} X_j \lambda_j + S^- = \theta X_0 \\ \sum_{j=1}^{n} Y_j \lambda_j - S^+ = Y_0 \\ \lambda_j \geq 0, j = 1, 2, \cdots, n \\ S^- \geq 0, S^+ \geq 0 \end{cases}$$

若 $\theta^* = 1$，$S^{+*}$，$S^{-*}$ 全为 0 时，DEA 有效；若 $0 < \theta^* < 1$，DEA 非有效。

运用 DEA 方法对决策单元进行效率评价时，建立合理的投入和产出指标体系是有效准确评价的前提和基础。

### 2.2.2 评价指标的选取

结合京津冀区域交通基础设施投资的发展状况，限于数据的可得性，本书选取交通基础设施投资额作为交通基础设施投资的投入指标；选择运输路线长度作为衡量交通基础设施投资的产出指标。

交通基础设施投资额是由铁路运输业、道路运输业、水上运输业、航空运输业、管道运输业、装卸搬运和运输代理业这六部分的固定资产投资额构成。数据来源为各年《中国固定资产投资统计年鉴》和《2013 年固定资产投资统计年报》。由于 1997 年、1998 年、1999 年和 2003 年《中国固定资产投资统计年鉴》是按照国有经济、城镇集体经济、联营经济、股份制经济、外商投资经济和港澳台投资经济统计，故本书将上述不同企业组织形式下的铁路运输业、公路运输业、管道运输业、水上运输业、航空运输业、交通运输辅助业和其他交通运输业的数据加总得出该年份交通基础设施总投资额。2000—2002 年的数据来源于《中国统计年鉴》，将基本建设投资、更新改造投资、城镇集体单位固定资产投资加总，得到交通基础设施投资总额，再乘以交通运输占交通运输、仓储和邮政业的平均比重进而计算出交通基础设施投资额[1]。运输路线长度包括国家铁路营业里程、内河航道里程和公路里程三部分。

---

[1] 由于《中国统计年鉴》是将仓储、邮政业与交通运输业统计在一起，为了将交通运输业的投资额剥离出来，本书用交通运输、仓储和邮政业的投资额乘以交通运输业投资额所占比重。该比重是其他年份交通运输业投资额占交通运输、仓储和邮政业投资额的平均比重。

### 2.2.3 交通基础设施投资效率的测算

（1）横向比较

①效率测算

基于数据的可得性，本书运用 DEA-SOLVER Pro5.0 测算了京津冀区域内北京、天津和河北三省市的交通基础设施投资效率。1998—2018 年京津冀三地交通基础设施投资的效率测算结果如表 2-1 所示。

表 2-1　1998—2018 年京津冀三地交通基础设施投资效率评价值

| 年份\地区 | 北京 | 天津 | 河北 |
|---|---|---|---|
| 1998 | 0.649 | 0.508 | 1 |
| 1999 | 0.426 | 0.557 | 1 |
| 2000 | 0.549 | 0.577 | 1 |
| 2001 | 0.473 | 0.562 | 1 |
| 2002 | 0.515 | 0.409 | 1 |
| 2003 | 0.210 | 0.315 | 1 |
| 2004 | 0.278 | 0.295 | 1 |
| 2005 | 0.320 | 0.430 | 1 |
| 2006 | 0.248 | 0.253 | 1 |
| 2007 | 0.189 | 0.261 | 1 |
| 2008 | 0.175 | 0.191 | 1 |
| 2009 | 0.130 | 0.204 | 1 |
| 2010 | 0.201 | 0.212 | 1 |
| 2011 | 0.280 | 0.283 | 1 |
| 2012 | 0.326 | 0.255 | 1 |
| 2013 | 0.225 | 0.190 | 1 |
| 2014 | 0.324 | 0.346 | 1 |
| 2015 | 0.257 | 0.268 | 1 |
| 2016 | 0.246 | 0.219 | 1 |
| 2017 | 0.227 | 0.228 | 1 |
| 2018 | 0.162 | 0.327 | 1 |

横向来看，在 1998—2018 年间，交通基础设施投资有效率的省份只有河北省，北京市和天津市均处于非有效状态，而且相对于河北省的效率值而言，北

京市和天津市的效率值普遍偏低。就北京市而言，除了1998年、2000年、2002年的效率值高于0.5外，其他年份的效率值均低于0.5；就天津市而言，除了1998年、1999年、2000年、2001年的效率值高于0.5外，其他年份效率值均低于0.5。

②结果分析

从交通基础设施投资效率测算结果来看，北京并不是三地区中投资效率最优的，这与北京市流动人口较多、基础设施需求量大、土地价格高、投资成本高等因素有关。北京市作为首都，为了缓解较多的流动人口所带来的交通堵塞问题，必然需要加大交通基础设施的建设。同时，相对于天津市和河北省而言，其人工成本、土地成本和材料成本较高，那么在既定产出下，投入额较高，进而导致北京市的交通基础设施投资效率低于天津市和河北省。

北京市和天津市相比较，多数年份天津市的效率值要高于北京市，主要因为天津市处于环渤海经济带和京津冀区域的交汇点，处于中国沿海最具发展活力的三个区域之一——环渤海地区的中心位置，从而使天津市的交通基础设施投资效率相对较高。而北京市的交通基础设施投资效率较低的原因在于：一方面是随着征地、拆迁费用的大幅提高，交通基础设施建设成本也越来越高，资金需求量更大；另一方面是土地资源约束日益严重，国家实行严格的土地保护政策，交通建设用地存在较大缺口，土地拍卖价格越来越高，北京市寸土寸金，这无疑加大了交通基础设施的投入，在既定产出下，必然会降低投资效率。

河北省较之于北京市和天津市而言，交通基础设施投资效率较高，近二十年均处于DEA有效状态，这是因为河北省的交通基础设施未达到饱和，仍然有很大的发展潜力，且河北省下属的地级市也有很大的发展空间。以保定市和廊坊市为例，保定市和廊坊市作为京津冀"首都经济圈"的中部核心功能区，在整个交通设施建设中起到了举足轻重的作用。保定市作为京津冀协同发展的桥头堡，相对于北京和天津这样的城市而言，交通压力相对较小，无论是土地成本还是人工成本都会较低，而且保定市交通基础设施的发展空间还比较大。在2012年河北省的工作计划中就提出：加快城乡客运一体化进程，完善城乡客运一体化网络，强化客运节点衔接。可见在2012年保定市的交通基础设施仍未达到饱和，还存在较大的缺口。成本低和较大的发展空间对投资效率而言都是正向的促进作用。保定市作为河北省下属地级市，提高了河北省的交通基础设施投资效率。

根据京津冀区域协同发展规划纲要的空间布局，廊坊紧临"一核"、地处于

"双城之间"、位于"主轴"之上，全城均处于中部核心功能区，为全方位深化改革、扩大对外开放、聚集国内外先进要素，提供了现实机遇。廊坊市在"十二五"期间大力发展，交通运输业作为经济社会发展的基础性、先导性、服务性行业，积极适应新常态，保持战略定力，激发改革动力，释放转型活力，提升服务能力，成为廊坊加速崛起的黄金"大动脉"。交通领域行稳致远、路网建设跨越发展、对接京津不断深入。廊坊市把交通作为加快区域要素流动、促进区域经济融合的"金钥匙"，作为提高生产生活效率的基础工程，在"十二五"期间，对廊坊交通体系进行重新梳理，着力构建快速、安全、大容量、低成本的现代立体交通网络。在政府部门的大力发展下，廊坊市的交通基础设施建设取得了瞩目的成就。廊坊市作为河北省下属地级市，同样提高了河北省的交通基础设施投资效率。

（2）纵向比较

①北京市交通基础设施投资效率测算

纵向来看，1998—2018年间，北京市交通基础设施投资DEA有效的年份只有1998年，其他年份均处于DEA非有效状态，而且除了1998—2002年的效率值高于0.5外，2003—2018年效率值均低于0.5。总体来看，北京市交通基础设施投资效率不高，表现为在1998—2018年的21年间效率值达到1的年份只有1年，而且随着时间的推移，效率值呈现出逐渐降低的趋势，如表2-2、图2-1、图2-2所示。除去物价影响因素后，北京市的交通基础设施投资效率值除了1998年处于DEA有效外，其他年份均处于DEA非有效状态，且通过效率值的对比可以看出，除去物价影响因素后的效率值低于未去掉物价影响的效率值，可见，物价波动只会影响效率值大小，不会影响效率的变化趋势。

表2-2　　　　北京市1998—2018年交通基础设施投资效率评价值

| 年份 | DEA效率值 | DEA效率值（除去物价影响） |
| --- | --- | --- |
| 1998 | 1 | 1 |
| 1999 | 0.587 | 0.580 |
| 2000 | 0.639 | 0.624 |
| 2001 | 0.572 | 0.553 |
| 2002 | 0.689 | 0.654 |
| 2003 | 0.480 | 0.448 |
| 2004 | 0.412 | 0.382 |

续表

| 年份 | DEA 效率值 | DEA 效率值（除去物价影响） |
| --- | --- | --- |
| 2005 | 0.370 | 0.341 |
| 2006 | 0.326 | 0.301 |
| 2007 | 0.199 | 0.185 |
| 2008 | 0.151 | 0.147 |
| 2009 | 0.134 | 0.127 |
| 2010 | 0.126 | 0.121 |
| 2011 | 0.122 | 0.120 |
| 2012 | 0.171 | 0.169 |
| 2013 | 0.123 | 0.122 |
| 2014 | 0.134 | 0.131 |
| 2015 | 0.114 | 0.110 |
| 2016 | 0.125 | 0.118 |
| 2017 | 0.119 | 0.112 |
| 2018 | 0.080 | 0.076 |

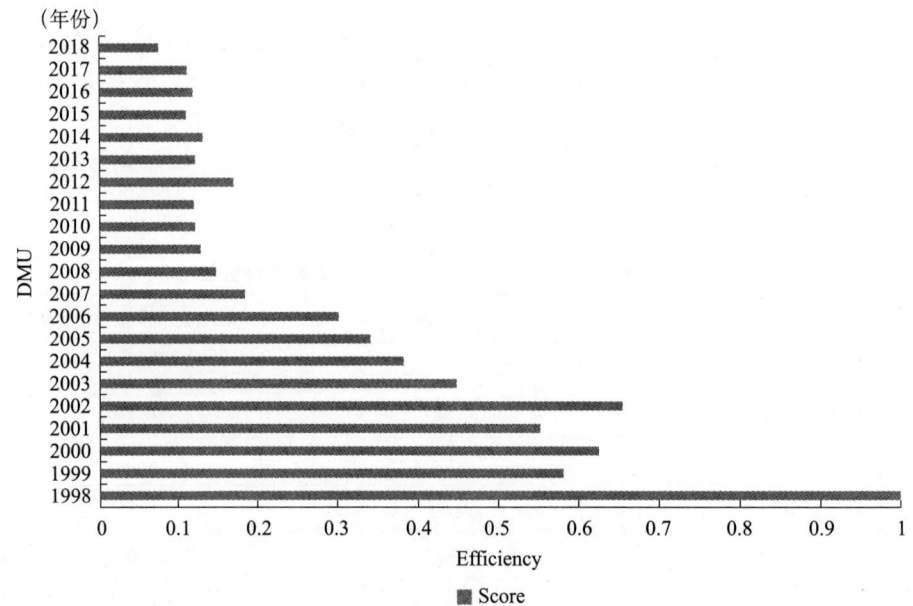

图 2-1 北京市 1998—2018 年交通基础设施投资效率评价值条形图（除去物价影响）

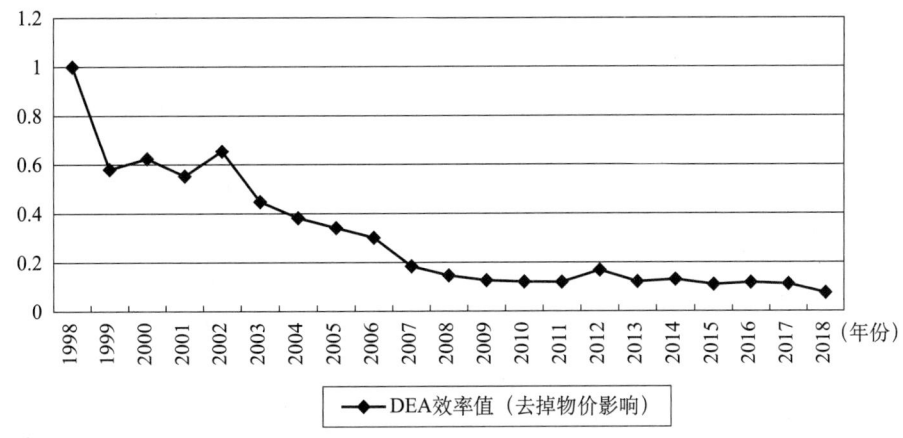

图 2-2 北京市 1998—2018 年交通基础设施投资效率的变化趋势

②北京市交通基础设施投资效率分析

北京作为全国政治文化中心，常住人口多，交通需求量大，且城区面积较大，居住地和工作地距离较远，长距离通勤大大增加了对交通基础设施的需求。由图 2-3 可以看出，在 2000 年左右，北京市的轨道交通较单一，只有一条主干线，交通基础设施还不完善，在供给小于需求的情况下，加大交通基础设施建设力度，可以提高交通基础设施投资效率，所以在 1998—2002 年间的效率值要大于其他年份。同时考虑到 1998—2002 年间的建设成本也较低，一方面是人工成本较低；另一方面是建设用地未达到饱和，土地成本较低。综合考量，北京市的交通基础设施投资效率在 1998—2002 年间相对较高。2003 年以后，北京市的交通基础设施建设进入快速发展阶段，交通路线的飞速增长便利了人口流动，越来越多的人流向北京，对交通基础设施的需求进一步加大，如此循环往复，使得北京市的交通网络越来越发达，加之人工成本和土地成本的上升，交通基础设施投资效率呈显著下降趋势。在 2010 年之后的年份，北京市交通主干线的增加微乎其微，主要是在已经建成的主干线上建设一些支线，最终建成了四通八达、呈辐射状的道路交通网，北京市的交通基础设施也基本达到饱和，如图 2-3 所示，而此时的交通基础设施投资效率值没有较大的波动（如图 2-2 所示），但效率值要显著低于之前的年份。

1998—2018 年间北京市的交通基础设施效率值呈现逐渐递减的趋势，归其原因在于：一是人工成本。随着经济社会的发展，人工成本逐渐上升。1998 年北京市交通运输、仓储和邮政业的年人均工资为 13132 元，2018 年城镇非私营单位和城镇私营单位交通运输、仓储和邮政业年人均工资分别为 107828 元、54061 元，人工成本在这二十年间有了大幅度的提升，尤其是对于劳动力密集型

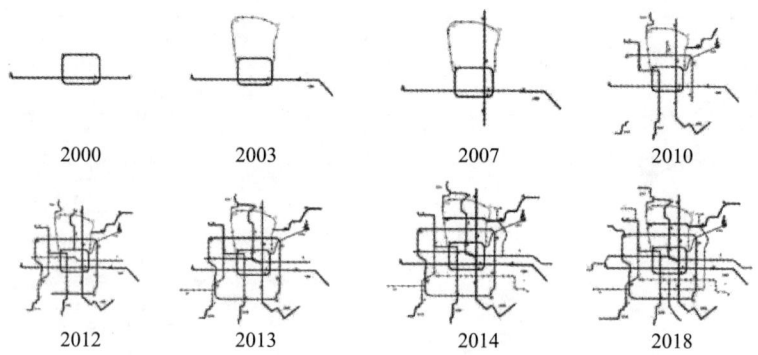

图 2-3 2000—2018 年北京市轨道交通网络变化

的企业而言,人工成本的增加是一项不小的负担。① 二是土地成本。随着北京市经济社会的快速发展,人口的增加及人们生活条件的改善,产业结构的调整,城市化进程的加快,城区面积逐渐扩大,土地资源利用强度增加,土地余量减少,土地价格逐渐攀升。近几年,北京市致力于改变"向土地要增量"的模式,这也正是打造京津冀"首都经济圈"的部分原因。随着北京市建设用地资源的逐渐减少,土地资源变得炙手可热,特别是老城区居民,将拆迁的价格抬得越来越高,一些钉子户甚至漫天要价,拆迁变成了一种致富手段。拆迁成本的增加导致土地成本上升,在既定产出水平下,需要更多的交通基础设施投入,降低了投资效率。三是材料成本。根据 2002—2008 年北京 PPI 数据显示,这期间交通基础设施的材料成本持续上涨(图 2-4),而北京市交通基础设施投资效率持续下降(图 2-2)。

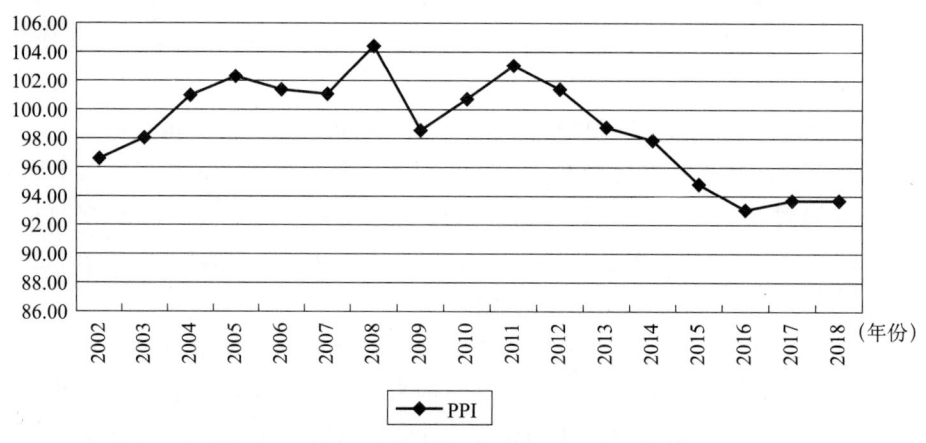

图 2-4 2002—2018 年北京市的 PPI 变化趋势图

---

① 数据来源:中国统计年鉴。

③天津市交通基础设施投资效率测算

纵向来看天津市交通基础设施的投资效率，在1998—2018年间，DEA有效的年份只有1998年，其他年份均处于DEA非有效状态，且除了1998—2005年的效率值高于0.5外，2006—2018年效率值均低于0.5。总体而言，天津市交通基础设施投资效率不高，表现为在1998—2018年的21年间效率值达到1的年份只有一年；除去物价影响因素后，也只有1998年这一年处于DEA有效状态，其他年份均处于DEA非有效状态。通过表2-3中的对比可以发现，1998—2009年除去物价影响后的效率值低于未去掉物价影响的；2010—2018年除去物价影响后的效率值要高于未去掉物价影响的，但在这二十年间，无论是否考虑物价影响因素，交通基础设施投资效率值的波动趋势基本一致。

表2-3　　天津市1998—2018年交通基础设施投资效率评价值

| 年份 | DEA效率值 | DEA效率值（除去物价影响） |
| --- | --- | --- |
| 1998 | 1 | 1 |
| 1999 | 0.981 | 0.956 |
| 2000 | 0.858 | 0.825 |
| 2001 | 0.869 | 0.824 |
| 2002 | 0.700 | 0.646 |
| 2003 | 0.920 | 0.827 |
| 2004 | 0.561 | 0.509 |
| 2005 | 0.635 | 0.575 |
| 2006 | 0.424 | 0.386 |
| 2007 | 0.350 | 0.329 |
| 2008 | 0.210 | 0.207 |
| 2009 | 0.268 | 0.261 |
| 2010 | 0.171 | 0.173 |
| 2011 | 0.157 | 0.166 |
| 2012 | 0.171 | 0.186 |
| 2013 | 0.133 | 0.147 |
| 2014 | 0.183 | 0.204 |
| 2015 | 0.152 | 0.170 |
| 2016 | 0.142 | 0.160 |
| 2017 | 0.153 | 0.174 |
| 2018 | 0.207 | 0.238 |

④天津市交通基础设施投资效率分析

天津市1998—2005年效率值较高，这是因为1998—2005年正值天津市实施"三五八十"四大奋斗目标，并启动规模宏大的海河两岸综合开发建造工程，借助明显的区位优势，大力发展交通基础设施建设。在"十五"期间，天津以科学发展观为统领，不断深化改革，推进现代综合交通运输体系建设，铁路、公路等运输方式得到全面发展。而且此时天津市的道路交通网不完善，存在很大的供需缺口，交通基础设施投资的产出回报较高。由图2-5和图2-6可以看出，2005年以后，尤其是2010年之后天津市交通基础设施投资效率值的波动很小，且效率值普遍偏低。这是由于近年来天津市对公共交通的投入不断加大，对轻轨和地铁的投资较多，这些项目技术含量高、建设周期长，在既定产出下，需要较高的资金投入，效率值偏低。

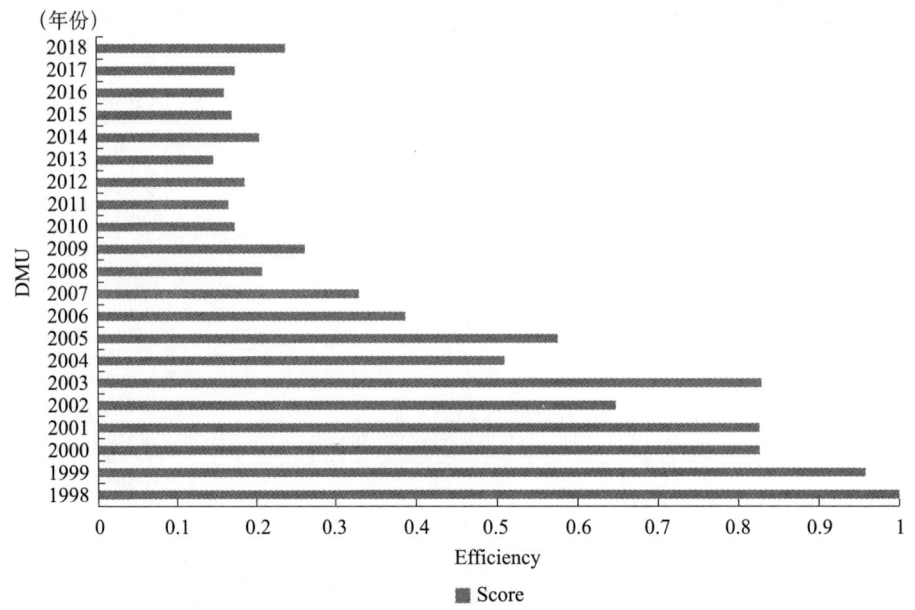

图2-5　天津市1998—2018年交通基础设施投资效率评价值条形图（除去物价影响）

随着时间的推移，天津市交通基础设施投资效率值呈现出递减的趋势，究其原因在于以下几点：一是道路建设资金不足，资金来源渠道不固定，加之地方政府财力支持不足，资金到位率较低。规划好的项目，甚至是已经开工的项目，由于资金支持不到位，导致产出达不到预期效果，而且大量的道路拆迁量限制了道路建设速度，要继续保持过去的超高速发展较难。二是在全社会的投资增速放缓、筹融资难度加大、审批环节多且周期长的情况下，投资的成本会大大增加。三是土地成本增加。而且随着城市用地规模的逐渐扩大，人口和机

图 2-6 天津市 1998—2018 年交通基础设施投资效率的变化趋势

动车保有量不断增长,加剧了交通供需矛盾,长此以往则会进一步增加投资的土地成本。四是人工成本的增加。1998 年天津市交通运输、仓储和邮政业的年人均工资为 13140 元;而到了 2018 年,交通运输、仓储和邮政业在城镇非私营单位年人均工资为 97976 元,在城镇私营单位年人均工资为 54061 元,与 1998 年相比大幅度上涨。① 五是材料成本的增加,根据《中国统计年鉴》PPI 数据显示,2002—2008 年天津市生产者出厂价格指数(定基)持续增长,而这时期天津市的交通基础设施投资效率持续降低,如图 2-7 所示。

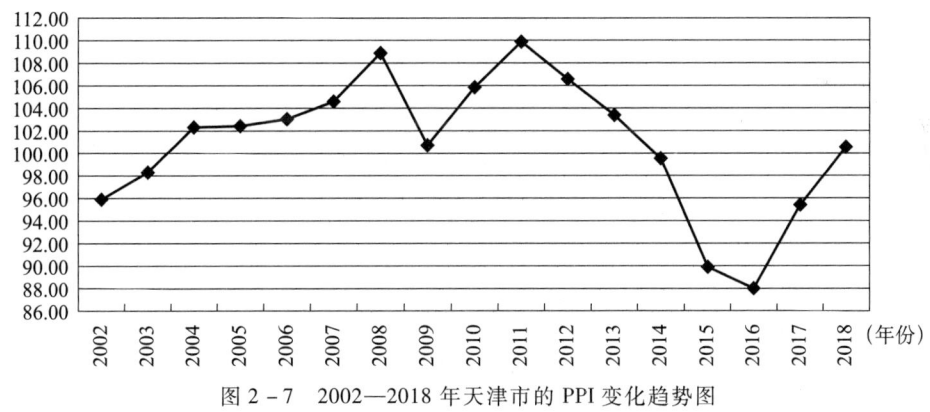

图 2-7 2002—2018 年天津市的 PPI 变化趋势图

⑤河北省交通基础设施投资效率测算

纵向来看,1998—2018 年间,河北省交通基础设施投资 DEA 有效的年份只有 2003 年,其他年份均处于 DEA 非有效状态,且除了 1998—2006 年的效率值

---

① 数据来源:中国统计年鉴。

高于 0.5 外，2007—2018 年效率值均低于 0.5。总体而言，河北省交通基础设施投资效率不高，表现为在 1998—2018 年 21 年间效率值达到 1 的年份只有 1 年。由表 2-4 的对比可以看出，除去物价影响因素后，交通基础设施投资的效率值除 2002 年外，其他年份均高于或等于未除去物价影响的，且除去物价影响后也是只有 2003 年处于 DEA 有效状态，其他年份均处于 DEA 非有效状态，效率值大于 0.5 的年份为 1998—2009 年（2008 年除外），较之前有所增加，具体如图 2-8、图 2-9 所示。

表 2-4　　河北省 1998—2018 年交通基础设施投资效率评价值

| 年份 | DEA 效率值 | DEA 效率值（除去物价影响） |
| --- | --- | --- |
| 1998 | 0.675 | 0.702 |
| 1999 | 0.604 | 0.614 |
| 2000 | 0.510 | 0.514 |
| 2001 | 0.530 | 0.533 |
| 2002 | 0.586 | 0.585 |
| 2003 | 1 | 1 |
| 2004 | 0.651 | 0.672 |
| 2005 | 0.506 | 0.528 |
| 2006 | 0.575 | 0.609 |
| 2007 | 0.460 | 0.507 |
| 2008 | 0.377 | 0.444 |
| 2009 | 0.450 | 0.524 |
| 2010 | 0.276 | 0.331 |
| 2011 | 0.190 | 0.240 |
| 2012 | 0.230 | 0.296 |
| 2013 | 0.240 | 0.316 |
| 2014 | 0.181 | 0.241 |
| 2015 | 0.195 | 0.260 |
| 2016 | 0.222 | 0.299 |
| 2017 | 0.230 | 0.315 |
| 2018 | 0.216 | 0.302 |

2. 京津冀区域交通基础设施投资效率的测算与评价 **39**

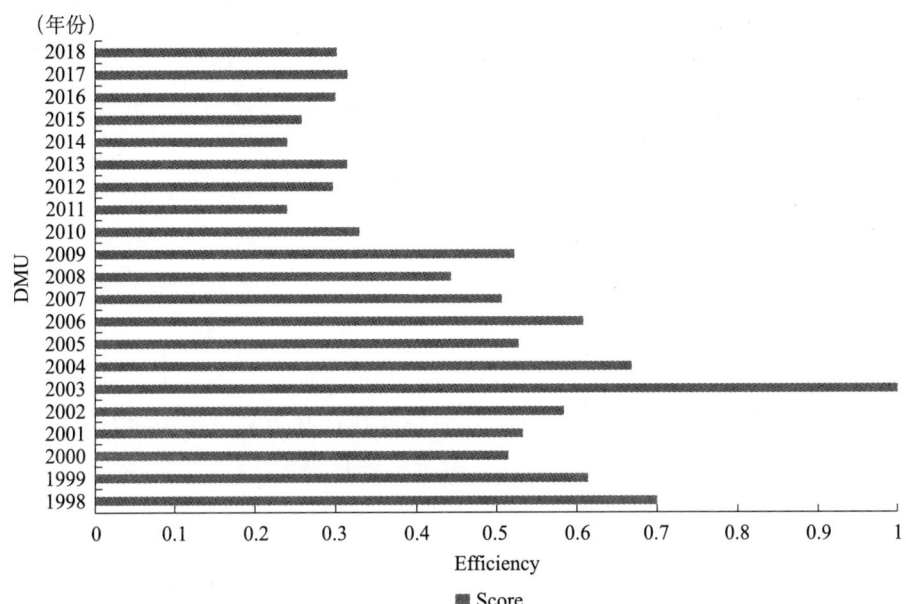

图 2-8 河北省 1998—2018 年交通基础设施投资效率评价值条形图（除去物价影响）

图 2-9 河北省 1998—2018 年交通基础设施投资效率的变化趋势

⑥河北省交通基础设施投资效率分析

2003 年交通基础设施投资 DEA 有效的主要原因是河北省借鉴其他省市的发展经验，结合自身发展特点，在"十五"期间，对交通运输业给予较大的支持，加大了对交通基础设施的投资力度，围绕完善廊坊公路网络，提高与京津的交通一体化进程，并且启动廊坊段多路段的建设。同时，廊坊市利用国债资金推动县乡公路建设，加快向村村通二级路、村村通柏油路的方向迈进。同样作为京津冀中部核心功能区的保定市，在工作中突出抓好高速公路和农村公路建设，力保尽快形成南北通衢、东出西联、城乡畅通的新格局。在廊坊市和保定市的带动下，河北省其他城市的交通基础设施也快速发展，致使2003年河北省交通设施投资达到了DEA有效。

1998—2009年（2008年除外），河北省交通基础设施投资的效率值相对较高，超过了0.5。这是由于河北省位于环渤海区域，经济的快速崛起和特殊的地理位置，加之早期河北交通网络存在很大供需缺口，决定了其潜在的交通需求会快速释放。总体来看，河北省交通运输的快速发展大大缓解了交通发展瓶颈，但总体运输能力仍存在不足，与国内先进省市相比存在较大差距。运输能力紧张的局面在主要交通运输通道方面一直未能得到较好缓解，急切需要加大交通基础设施的建设力度，所以这几年交通基础设施投资的DEA效率值较高。2008年是建筑业的转折年，在次贷危机的影响下，各国实体经济遭到了巨大冲击，我国实施积极的财政政策和适度宽松的货币政策，以防止经济增速下滑和出现大的波动。这一年的原材料、油料、人工费的上涨或犹如过山车一样的波动都对交通基础设施投资效率产生影响，降低了2008年的效率值。2010年以后，河北省交通基础设施投资效率值基本处在一个较低的水平上，究其原因在于：一是人工和土地成本的上涨；二是2010年之后交通部门开始受到贷款政策监管，被纳入融资平台名单，尤其是事业单位，按照规定不能退出平台，融资平台贷款不得展期以及以贷还贷等政策对交通部门资金链的运转产生了较大影响；三是各地交通基础设施投资资金主要依靠项目业主自筹，部分来自中央车辆购置税补助，加之，该阶段国家实施稳健的货币政策，存款法定准备金率趋高，银行贷款利率上升，交通基础设施建设资金筹措面临较大的困难。

## 2.3 京津冀区域交通基础设施投资效率的评价

横向比较看，交通基础设施投资效率值由高到低依次是：河北、天津、北京。这三地效率值差异的原因主要来自两方面：一是人工成本和土地成本的差异，人工成本由高到低依次是天津、北京、河北；土地成本由高到低依次是：北京、天津、河北，虽然天津的人工成本略高于北京（如图2-10所示），但北京的土地成本远远高于天津（如图2-11所示）。在既定产出下，交通基础设施投入成本高，效率值低；二是三地交通基础设施发展速度存在差异。20世纪90年代以来，各地的交通运输发展先后经历了以铁路运输为主到以公路、航空运输为主再到综合交通运输阶段，不同阶段的交通基础设施建设成本存在显著差异，与传统铁路、公路等建设相比，高铁、管道、轨道交通等建设必然需要更多的资金投入。作为全国政治、文化、国际交往中心、科技创新中心的北京，其交通基础设施的发展要快于同时期的天津和河北；而作为直辖市、国家中心城市、环渤海地区经济中心、首批沿海开放城市、全国先进制造研发基地、北方国际航运核心区、金融创新运营示范区、改革开放先行区的天津，其交通基础设施的发展要明显快于同时期的河北。这样在同一时点上比较三地的交通基础设施建设成本，发展速度快的北京要高于天津，天津高于河北，在既定产出下，交通基础设施投入成本高的，效率值低。

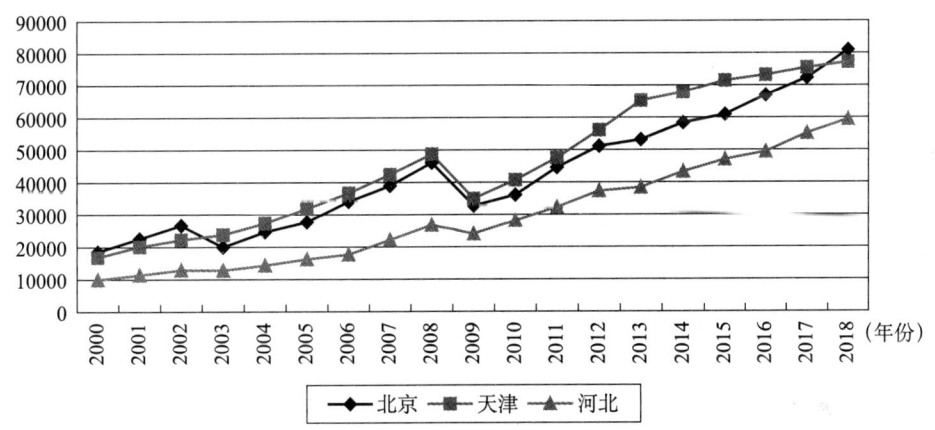

图2-10　2000—2018年北京、天津和河北交通运输、仓储和邮政业年人均工资①（单位：元）

纵向比较看，1998—2018年北京、天津和河北三地交通基础设施投资效率呈现逐渐递减的共性趋势，且可以分成三个阶段（如图2-12所示）：1998—2003年交通基础设施投资效率值高水平波动阶段；2004—2009年交通基础设施投资效率值波动下降阶段；2010—2018年交通基础设施投资效率值低水平平稳阶段。效率值呈现如此变化的原因在于：一是随着经济发展，人工成本、土地成本的上涨。首先是人工成本，如图2-10所示，虽然北京、天津和河北交通运输、仓储和邮政业的年人均工资在2009年和2010年出现小幅回落，但整体上呈现持续上涨趋势。特别是随着我国近年来人口红利的消失，人工成本已成为

---

① 数据来源：《中国统计年鉴》，2009—2018年交通运输、仓储和邮政业的年人均工资是城镇非私营单位就业人员年人均工资和城镇私营单位就业人员年人均工资的平均值。

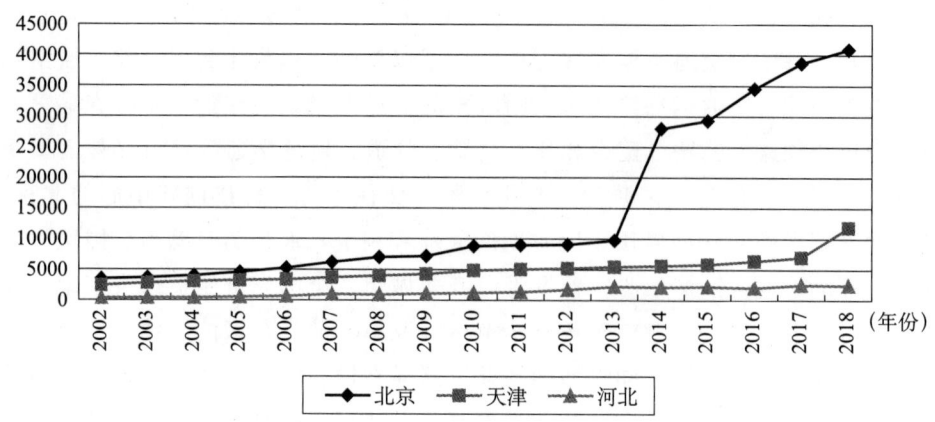

图 2-11 2002—2018 年北京、天津和河北土地价格①（单位：元/平方米）

劳动密集产业主要的成本支出，在既定产出下，投入增加，效率降低。其次是土地成本，土地资源是有限的，面对建筑用地越来越大的缺口，加之拆迁费用的增加，以及土地审批程序的复杂，交通设施建设的土地成本变得越来越高。虽然，2011 年以后，PPI 明显降低，但土地成本在 2013 年以后大幅上涨，这显著提高了交通基础设施建设成本。二是交通基础设施发展存在阶段性。1992 年我国确立了市场经济体制改革目标，经济进入快速发展时期，交通运输不断加大改革力度，且各种运输方式的发展都取得突破性进展；1997 年开始铁路进行了连续六次大提速，公路建设投资快速发展，高速公路建设大规模兴起，同时这一阶段的人工、土地和材料成本比较低，交通基础设施投资效率处于高水平时期。2003 年开始全面贯彻落实党的十六大精神，经济仍保持高速增长，这阶段掀起了农村公路建设的新高潮，交通运输公共服务水平得到大力提升，城乡客运、城市公交、交通运输安全应急救助等交通保障领域建设迅速发展。同时，人工、土地和材料成本仍快速上涨，2004 年开始严把土地审批和信贷投放，增加了交通基础设施建设成本，交通基础设施投资效率波动下降。2008 年以来，高铁开始飞速发展，综合交通运输体系建设不断加快，城市内、城市间的轨道交通也迅速发展，这一时期的交通基础设施建设难度大、技术含量高，在既定产出下，需要更多的资金投入，因此，此阶段的交通基础设施投资效率较低。

---

① 北京和天津 2000—2018 年的土地价格来源为"中国地价信息服务平台"。河北省 2002—2018 年的土地价格资料来自《中国统计年鉴》，用本年土地成交价款/本年土地购置面积得到土地价格。

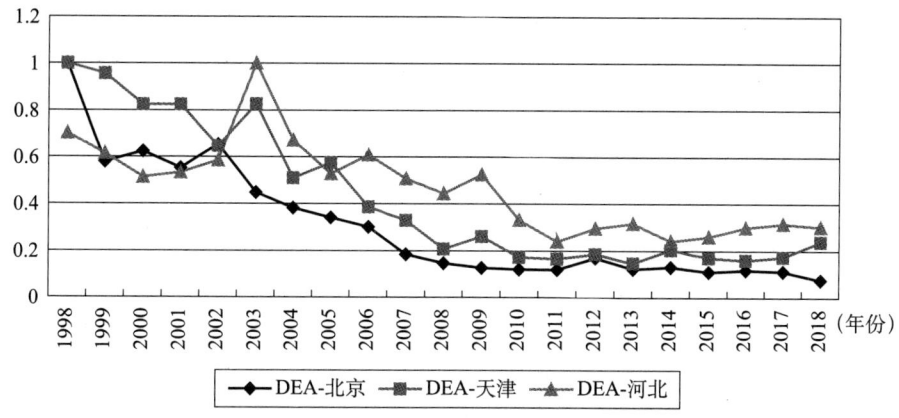

图 2-12 1998—2018 年北京、天津和河北交通基础设施投资效率值

# 3.

# 交通基础设施投资溢出效应的形成机理

交通基础设施的建设状况是影响一个地区运输能力强弱的关键，如果交通基础设施的发展无法与交通运输工具的发展速度相匹配甚至落后于其发展速度，那么即使交通运输工具的发展速度再快，也不能表示该地区交通运输能力很强大。由此得出，作为基础产业的交通基础设施对地区经济（无论是本地还是其他地区）发展有着至关重要的影响。

## 3.1 交通基础设施的特性

交通基础设施具有网络性、外部性、空间附属性、社会公益性等多种特性。基于交通基础设施的网络性与外部性两个特性，因交通基础设施的建设惠及邻近区域经济发展的空间溢出效应也应运而生。

### 3.1.1 网络性

网络基础设施大体包含邮电通信、电力、交通运输、水利等，主要以电力网络、电信网络、管道、公路、机场、码头等形式存在，它扮演着传输生产要素的通道角色，把原材料、劳动力、信息、能源等生产要素从一个地方输送到另一个地方。网络基础设施是一种广义上的社会运输系统，它类似于生产性基础设施，联系着不同区域间的经济活动和不同区域间的相互作用，从而使各区域连接为一个整体。与网络基础设施不同的是另一种基础设施——点状基础设施，点状基础设施旨在为指定地区的生产、生活提供区域性的公共设施服务，包括教育、卫生、文化体育、环境、图书馆等地方性的公共基础设施。与网络基础设施的功能相左，它常常以"点状"或"面状"的结构形式存在而非网络基础设施的"网状"结构，其首要作用不是"运输"而是"公用"，更加偏向于为既定地区提供生产、生活服务而不是传输不同区域的生产要素。然而若是具体细化到某个特定的地区，交通基础设施中既有网络基础设施也有点状基础设施。比如：对某个特定区域，网络基础设施是连接不同地区的交通要道，而点状基础设施是只服务于本地区的次要交通基础设施。但是，交通基础设施网络不同于供水、供气、电力和通讯等实体网络那样仅仅向一种或者几种物质形式提供服务，其服务的受众很广，人员、原材料与制成品等均为交通运输网络的传输对象，因而交通基础设施网络所表现出较强的经济属性使得其供给、组织与管理都变得较为复杂。

交通基础设施网络作为区域经济繁荣发展的空间"脉络"，是联络域面与域面、节点与域面、节点与节点之间的关键通道，它不仅把生产要素如劳动力、原材料等从一个区域输送到另外一个区域，还把不同区域间的经济活动联系起来，从而便捷了区域间联系使各区域连接成为一个整体。设施网络、径路网络、组织网络和需求网络四部分共同组成了交通网络系统，其中，设施网络是由交通节点构成；径路网络是由交通线路组成；交通组织网络是由节点和线路共同结合形成。交通基础设施的网络性具体体现在以下三方面：第一，该网络性特征使得不同区域间的往返更加通达便利，最大程度地降低了运输成本，使生产要素的跨区域流动成为可能。第二，交通基础设施的网络性特征强化了不同地区间的经济联系，体现为一种经由节点与节点、节点与域面、域面与域面进行空间经济联系的有机系统，从而使各区域连接为一个整体。第三，经济空间联系的组织也是交通基础设施网络性的表现形式，主要涵盖空间经济网络联系管理和运作机构以及产业运销和生产要素流动的市场机制。由于交通基础设施具备网络性这一特征，商品、劳动力、技术、信息等生产要素才能实现跨节点的传输与流动并得到合理配置，也是因为这一特征才会使各节点间的贸易往来成为可能，促进生产分工更加合理、专业，从而使经济活动在空间上发生集聚和分散，最终交通基础设施给区域经济发展所带来的空间溢出效应便表现出来。然而，交通基础设施的一体化针对不同地区所呈现出来的最终结果也大相径庭。交通基础设施的一体化进程使不同区域间的交通运输成本大大削减，同时加速了各种生产要素的流动。经济发达地区要素比较集中，发展机会大，产业化程度高，会吸引要素继续向该地区流动；而经济欠发达地区发展机会相对较少，产业化程度相对较低，因此对要素的吸引力也相对较弱，交通基础设施的一体化会导致该地区要素的流失。

### 3.1.2 外部性

（1）经济外部性

外部性（外部影响）是指一个人（或一群人）的行动或决策对另一个人

（或一群人）造成的影响（受损或受益）。而经济外部性是指经济活动主体（包括个人或者厂商）的经济活动给他人和社会带来的非市场化影响，也就是社会成员（包含组织与个人）在参与社会经济活动所发生的成本和后果不完全由该行为人承担。正外部性和负外部性是外部性的两种划分。正外部性指经济活动主体的行为给他人或者社会带来的正效应，而受益者并不需要为此付出任何代价；负外部性指的是经济活动主体的行为给他人或者社会带来的负效应，而带来负外部性的主体也并未对此付出任何成本。对于交通基础设施，它的正外部性表现为公共产品的特性：提高消费水平与人民生活水平；加速地区间商品流通的速度；增加收入效应和就业机会；开放偏远落后区域；促进经济发展，优化产业结构等。而它的负外部性体现为由于交通堵塞导致的时间损失与运营费用；交通运输活动造成的环境破坏和生态失衡；交通事故导致的人力成本耗费等。政府供给交通基础设施正是基于交通基础设施具有的正外部性特征。

（2）空间外部性

交通基础设施犹如经济发展中的润滑油，可以在降低资源流动摩擦力的同时加速生产要素的流动，优化资源配置，使资产配置达到帕累托最优状态。对交通基础设施的规划建设改变了原有产业在不同地区间的分布状态，空间外部性也随之产生。帕帕耶奥尔尤（Papageorgiou）在1978年最早提出空间外部性这一概念，他指出每个单元的经济活动或行为均会受到其他单元经济活动或行为的影响，而"空间外部性"就是受到其他单元经济活动或行为影响的总和。交通运输网络使地区间的地理和经济联系都更为紧密，推进了不同地区间物质流、信息流交互的进程，交通基础设施的空间外部性不仅促进人口、产业等从较落后地区向较为发达地区流动和集聚，还极大地发挥了经济发达地区的知识输送、信息流交互和技术传输的引领导向作用。交通基础设施的发展提高了本地区的生产效率，同时还对其他地区的经济产生了空间外部性。交通运输基础设施配置优良可以使地区的可达程度显著提高，大大削减了居民的交通成本与企业的贸易往来成本，因此，它有助于吸引更多的企业和人才，并将知识和技术创新传播到一定区域从而提高该区域的生产率；交通基础设施降低了地区内商品流动的阻力，减少了企业在生产过程中固定成本的投入，推进了该地区的产业分工并加强了专业化，又进一步提高了本地区的生产率。然而空间外部性针对不同的地区又是不确定的，这是由当前本地区的物质流、非物质流的流入以及流出的程度和方向决定的。

交通运输基础设施具备公共产品的性质，若完全由私人部门对其进行投资并不能获得应有的回报，且交通基础设施的空间附属性导致经济活动在空间上显现出不均衡现象,因此交通基础设施的定价机制不能完全依靠市场的自发力量进行调节。交通基础设施表现出的空间外部性与知识、技术、人力资本的外部性和生产要素的空间聚集紧密相连。交通经济在空间演变上存在集聚和扩散两种趋势,而"极化过程"便是集聚现象较为直观的体现。集聚指的是生产要素以及有关经济行为或活动向既定区域集中而使区域经济表现出一种密集化倾向的过程;扩散则相反,指的是生产要素和有关经济行为或活动呈现出一种分散化趋向的过程。集聚和扩散两种趋势的发展均是以交通基础设施网络性和外部性特征为基石,起初经济是处于较为低级、分散的阶段,而后逐渐向集聚经济过渡并成为增长极和中心城市,然后利用交通基础设施给区域带来的通达性使经济活动或行为扩散到该区域的每一部分,最后区域经济进入了一种相对均衡的高级有序状态。在这个变化过程中,区域增长极会在资金、劳动力、技术等生产要素发生集聚的作用下得到加强,然而其他地区的经济反而会因此受挫。

## 3.2 交通基础设施投资溢出效应的形成机理

### 3.2.1 交通基础设施的空间溢出效应

交通基础设施所具备的网络性这一特征表明交通基础设施的改善将会强化本地区与其他地区的交流,大大降低与外界的贸易往来成本,加强了本地的区位优势,也就是产生了空间效应,在某些程度上也许会改变原有产业在各地区的空间分布情况,进而对各地区经济的空间布局产生影响,这就是交通基础设施的空间溢出效应。

交通基础设施的网络性催生了空间溢出效应,然而这种空间溢出效应并不一定是正向积极的。从宏观角度来看,交通基础设施网络体系的优化使各区域的市场规模进一步扩大,推进人力、资本、商品等生产要素跨区域的流动,从而在加速新知识以及新技术在不同区域间流动的同时提升了各区域的技术效率,最终对经济发展产生正效应。此外,交通基础设施的网络性会使经济活动或行为在空间上发生集聚或者扩散,进一步改善了生产要素在区域间的流动并加强区域间的贸易往来,从而使分工更加合理、专业化进程加快以及形成聚集经济,进而促进了空间溢出效应的产生。从微观角度来看,交通基础设施网络体系的优化进一步降低了运输成本并使区域间贸易更加自由,打破了原有的均衡产业布局。交通运输成本下降的同时削弱了集聚的向心力与分散的离心力,然而对分散离心力的作用程度更甚,导致产业向某一地区集聚,最终形成一种"中心—外围"的结构。维纳布尔斯(Venables)指出运输成本的降低对集聚向心力和分散离心力的削减可分为两个不同阶段。第一阶段:运输成本从高到低逐渐降低,此时对向心力的影响小于对离心力的影响,导致产业出现向某一地区集聚的趋势从而改变了地区的经济布局,拉大了人均收入差距;第二阶段:运输成本继续降低,但由于产业聚集地区平均工资不断提高,分散离心力超越了集聚向心力促使产业向另外一个地区转移与扩散。由此可以得出,交通基础设施分散离心力和集聚向心力二者的作用叠加所带来的空间溢出效应在不同阶段不同区域并非是确定的。

(1)交通基础设施的正溢出效应

交通基础设施具备网络性的特征,交通基础设施网络体系的完善不仅可以加速经济活动或行为的集聚和扩散,还能使不同地区间的经济联系更为紧密,促进生产要素在区域间的流动,加强地区间的贸易往来,优化产业布局,形成正溢出效应。一个地区的经济发展了,周边地区的经济也能够随着以网络化交通基础设施为载体的经济行为或活动的扩散得到一定程度的发展。本书以增长中心与增长极理论、生长轴理论以及"点—轴系统"理论为基础,分析交通基础设施的网络体系对区域经济发展的正溢出效应。

首先,交通基础设施不仅是不同地区间联系和合作交流的纽带,而且是经济社会发展的基础。交通基础设施以其在地理区域分布的"线性"特征,影响着社会和经济活动的空间布局。交通基础设施的完善使不同区域间的经济交流和贸易往来更加密切,加速了生产要素跨区域的流动。

其次,交通基础设施和其他基础设施的集聚,强化了该区域在空间位置上的优势,使该区域在经济发展上处于有利地位。例如,交通路线的建设会增强周边地区的通达程度同时改善附近地区的区位条件;重要通信干线的建设可以提高周边地区与外界进行信息沟通的能力;能源输送通道的建设可以给周边地区供给能源等。这些基础设施的相互依赖性和在区域走向上的一致性确保了沿线地区具有了经济社会发展的有利条件,如较低的运输成本、切实有效的信息交流以及足够的能源供给等都极大地推动了城镇的形成与发展、经济社会活动的开展、沿线资源的开发利用,同时也密切了与周边地区的经济活动联系,加速生产要素和重要经济活动逐渐向交通基础设施周边地区集中,使交通沿线地区的经济增长迈上一个新的台阶。另外，城市的不断扩张以及经济社会的快速发展由此带来经济流、信息流和交通流的增加，要求配套的基础设施与之相适应，这又进一步促进了基础设施的发展。网络基础设施（如公路、航空、铁路、能源电力以及邮电通信等）的不断完善发展，促使生产要素与经济行为在空间上聚集，基础设施周边地区稳固的经济联系逐渐取代了原有不断扩大的交通联系。

交通经济带在发展过程中一直存在着集聚和扩散两种趋势。经济社会的发展在不同地区、不同领域并不是均衡的，经济的发展始于一些自身条件良好又有区位优势的地区，这些地区很快便会借助初始优势点积累资源并迅速崛起。然而该地区的这种初始优势经过不断累积又在此基础上呈螺旋式上升进一步增强了该地区经济发展的动力，不断聚集、自强、增值，较强的极化或者回流效应由此产生，引起生产要素（如资本、劳动力等）从外围地区向该地区集聚，最终该地区经济的过快发展加剧并扩大了区域经济发展的不均衡。一段时间的持续极化结束后，集聚经济便由完全依靠外部要素逐渐过渡到自我维持。集聚效应也在这些具有初始优势并凭借该优势得以发展的区位点经济达到相当水平后开始向外溢出。当优势区位点的附近地区拥有了一定的吸纳与发展能力时，生产要素便由中心地区向周边地区扩散以寻找新的最优地区点，地区之间的差异也随着扩散过程逐渐缩小。因此，随着"集聚—扩散—再集聚—再扩散"这一过程的循环往复，交通基础设施对区域内增长点的影响不断增多，经济区位空间也逐渐变大，地区间实现协同发展。

最后，交通基础设施的发展促进了本地区经济增长后，交通基础设施网络也将发达地区的劳动力、资本等生产要素从该地区向附近欠发达地区扩散并推动附近地区经济发展，此时，交通基础设施网络对区域经济发展的正溢出效应得以体现。交通基础设施的发达程度与对周边区域的辐射带动作用成正比，即交通基础设施越发达，对周边区域经济增长的正溢出作用也就越强。

（2）交通基础设施的负溢出效应

负溢出效应主要在极化效应和回程效应中得以体现。极化效应是指某一地区的经济发达程度超过了极化效应的临界值时，地区经济系统就会对自身进行循环强化，当经济发展水平升高时，就会吸引生产要素向本地区流动从而促进经济发展水平进一步提高，而经济发展水平的提高又吸引生产要素的流入，这样的循环使本地经济无限度扩张。在不受政府影响的完全竞争的市场经济中，极化效应会造成富人更富穷人更穷，不断扩大贫富差距最终造成两极分化。从本质上来看，极化效应是以牺牲低经济梯度地区的经济发展来推动高经济梯度地区的经济发展。极化效应的产生需要具备如下条件：第一，某地区的经济发展水平要超过一个特定的临界值,若低于临界值,极化效应不会发生;第二,须具备能够自由流动的生产要素且生产要素的流动成本要尽可能低;第三,生产要素的流动成本和经济发展水平的临界值呈正相关,即极化效应的临界值随流动成本的降低而降低。回程效应与扩散效应的机制刚好相反,回程效应是扩散效应的负作用,是指资源或者商品等从经济低梯度地区回流到经济高梯度地区。

### 3.2.2 溢出效应的形成机理

（1）对经济增长溢出效应的机理分析

①宏观和微观层面的机理分析

交通基础设施投资溢出效应的形成机理可以分成宏观和微观两个层面。宏观层面的形成机理,即交通基础设施投资一方面可以直接增加本地区的产出水平,吸引区域外的资本和劳动流入本地区,造成相邻区域产出下降,产生负溢出效应;另一方面,便利的交通使地区间经济联系更为密切,贸易往来愈加频繁,交通基础设施投资促进消费增长、就业增加,乘数效应和挤出效应二者相抵消之后的总效应推动了经济发展,对相邻区域产生经济的扩散效应,即正溢出效应。

微观层面的形成机理,则是交通基础设施投资提高了区域间运输速度和效率、缩短了运输时间,交通基础设施网络的完善降低了运输成本,进而对企业的生产和销售成本产生影响,不仅增加了地区间的贸易量,而且形成了地区专业化分工和地区比较优势网络。市场主体在空间上集聚或者分散以获取规模经济、范围经济以及集聚经济的收益。企业在空间上聚集,生产厂商共享劳动力市场、专业化中间投入品和技术交流溢出,进而获取劳动力池效应、市场结构效应、创新和溢出效应。这同样可能对相邻区域的行业产生互利共赢或以邻为壑效应。

②直接和间接的机理分析

从交通基础设施对经济的直接和间接作用角度来看,一方面,交通基础设施建设作为一种投资对经济增长的影响是直接的。从理论上讲,交通基础设施是构成 GDP 的一部分,它作为建设投资系项目带动相关服务和建设物资的需求,对经济发展产生直接作用。另一方面,交通基础设施是推动国民经济发展的基础性行业,它的发展和完善不仅大大降低了本地区居民的交通成本与货物运输成本,而且对其他行业的运营效率和运行质量都产生了正向促进作用。此外,交通基础设施扮演着经济中的润滑油角色，显著提升了国民经济的运行效率，其健全优化使得原经济配置逐渐向最优配置状态靠近，最终达到一个均衡点。上述情形中交通基础设施对经济发展的推动作用是间接的，即称为对经济发展的间接影响。

第一，交通基础设施投资对经济发展的直接影响。在交通基础设施建设的投资阶段，交通基础设施对经济发展的影响是直接的。在交通基础设施正式投入使用之前，无论是建设铁路还是铺设公路，都需要投入大量的物力、人力和财力。政府用于交通基础设施上的投资是基础设施建设总投资中最基础的部分，政府在进行交通基础设施建设的同时，短期内产生了对生产和生活资料的需求，不但增加了就业机会、降低了失业率，而且带动了相关产业的发展，提高了生产效率和生活质量并且对经济发展起到了积极的拉动作用。如2008年金融危机爆发后，我国政府为了应对经济危机实施了"四万亿"计划，将近半数的资金用于公路、铁路、机场等交通基础设施和农村基础设施的建设上，不仅增加了就业，还在促进相关行业发展的同时缓解了经济危机带来的紧张局面。

第二，交通基础设施投资对经济发展的间接影响。交通基础设施的建设不仅可以提高某一地区的通达性，还大大增加了该地区对各种生产要素的吸引力。地区通达性的改变给不同地区带来的影响是不同的。当某地区拥有相对完善的交通基础设施时，该地区的技术效率会由于地区内企业获得劳动力、土地等生产要素成本较低而显著提升；此时，交通基础设施尚不完善地区的资本和劳动力等要素会快速向交通基础设施较为完善地区流动，交通基础设施尚不完善地区的经济发展会趋于缓慢甚至停滞不前。交通基础设施的建设通过规模效应和网络效应不仅大幅度降低了交通运输成本，还使分工更为合理且专业化，加速了生产要素在不同地区间的流动，形成了集聚经济。集聚经济不但能够经由规模效应直接影响全要素生产率和经济发展，而且通过内部企业之间的信息沟通产生技术外溢，在提升技术效率的同时间接拉动了经济增长。值得一提的是，集聚经济在使一些地区获益的同时，也不可避免地会给另外一些地区造成因交通基础设施的建设而导致的损失。

（2）对就业溢出效应的机理分析

交通基础设施投资不仅可以提供更多的工作机会，降低失业率，缓解就业压力，而且带动了劳动力人口的流动，起到了改善就业市场的作用。凯恩斯指出政府可以通过扩大有效需求的方式改变劳动力市场低迷的状况，而交通基础设施投资能够通过乘数效应使得有效需求的增量超过交通基础设施投资的增量以此弥补有效需求不足，提高就业率，提升就业水平。交通基础设施投资对就业产生的直接效应正是基于凯恩斯的有效需求理论。直接效应指的是有效需求不足时，政府可以投资建设交通基础设施来促进生产，增加劳动力需求，在扩大就业的同时改善由于个人投资缺位、不足或者没有充分利用而导致失业人数增加的状况，因此直接效应又被视为投资交通基础设施的生产扩张效应。

间接效应主要表现在三个方面：一是通过影响全要素生产率（TFP）间接影响就业。由于 TFP 取决于公共投资和私人投资的相对水平，因而交通基础设施投资有利于 TFP 的提高进而影响就业。巴罗（Barro）最早将公共投资放在内生增长理论框架下分析，阿肖尔（Aschauer）又在巴罗研究思路的基础上，认为 TFP 是公共投资和私人投资比的函数且存在一个最优公共投资与私人投资比，如果超过该比值，公共投资对 TFP 的影响就会发生改变。二是通过改变企业成本从而对就业产生间接影响。对交通基础设施进行投资会明显降低私人部门的运营成本，这是因为交通基础设施投资可以影响企业的成本函数，企业将节约下来的成本用作投资性支出，进而提升就业水平。三是交通基础设施投资可以带动技术进步，在生产中其他生产要素很容易取代劳动力要素，因此可以通过作用于劳动力需求的工资弹性对就业产生影响。加大交通基础设施的投资力度可以增大劳动力需求的工资弹性，也就是说劳动力需求对工资变动的反应更为敏感，交通基础设施投资可以使企业的公共支出大幅度减少，对劳动力的需求则进一步扩大，进而增加就业机会。

（3）对私人投资溢出效应的机理分析

私人投资是为了扩大社会再生产而追加的额外资本投入，其扩张和紧缩会受到交通基础设施投资直接或者间接的影响。作为公共投资的重要组成部分，交通基础设施投资和公共投资对私人投资的作用机制一致。在 20 世纪 70 年代，关于公共投资对私人投资的作用效果，西方经济学界对此存有较大分歧故而没有得出一致结论。人们普遍认为，公共投资对私人投资存在两种影响，且这两种影响的效果迥异：一方面加大公共投资可以增加私人投资，也就是"挤入效应"；另一方面加大公共投资会阻碍私人投资的增加，也就是"挤出效应"。这两种效应虽然作用效果不同却同时存在，因此现实中所看到的公共投资对私人投资的影响其实是"挤入效应"和"挤出效应"二者综合作用的结果。

①挤入效应

挤入效应指的是公共投资形成了生产性公共资本，增加总需求的同时提高了经济供给能力，提升了私人资本的边际生产力，进而实现刺激私人投资，促进经济增长的效应。当公共投资和私人投资互补时，加大公共投资会引起私人投资相应增加，而减少公共投资或者公共投资不足时，私人投资也会相应减少。

公共投资对私人投资影响的作用机制，即挤入效应产生的原因，可分为如下几方面：一是当市场有效需求不足时，可以通过加大公共投资来弥补，同时增加了就业机会，居民的收入水平也随之提高，增加总需求，需求的增加又会激励私人投资从而获得更多的投资机会，引起私人投资的扩张。二是交通基础设施作为基础产业，可以确保更为及时有效地供给私人部门生产所必需的生产资料，大幅度提高了生产质量和运营效率，保证了私人部门生产的合理有序推进，对私人经济与投资的发展起到了积极的促进作用。三是对交通基础设施进行投资不但能够使公共服务环境得到改善，提升公共服务质量，为私人部门营造一个良好的投资环境，而且大幅度降低企业的投资成本，提高资本的边际产出水平，从而使企业利润最大化，由此可以激励私人部门加大投资力度。

②挤出效应

挤出效应是政府为进行交通基础设施投资而导致的财政支出增加，财政支出增加会引起利率上升从而会抑制甚至减少民间支出，尤其对私人投资起到抑制作用，公共投资对私人投资的挤出效应随之产生。由于我国某些行业存在准入制度，这实际上限制了私人投资的扩张。如在一些公共事业领域中，私人投资就会面临进入阻碍，这便是公共投资对私人投资挤出效应在现实中的一种表现。

# 4.

# 交通基础设施建设的一体化与地方政府间协调机制

交通基础设施建设一体化与地方政府间协调机制主要包括三个方面：一是规划衔接机制。在突破行政区划间约束的基础上，对京津冀区域交通基础设施一体化建设的规划定位与地方政府间协调展开研究。京津冀应联合制定现代化区域交通网络规划，着眼于区域网络联系的目标模式，搭建现代化交通运输网络体系。二是利益平衡机制。京津冀区域交通基础设施若要实现一体化建设必然需要大量的投资，而交通基础设施又会对经过地区的居民形成干扰，如何平衡交通基础设施投资者、使用者和经过地居民（地方政府）的利益，是京津冀交通基础设施一体化建设成功的关键。三是交通运营协调管理机制。如对京津冀区域高速公路运输标准进行规范统一、成立多边交通运输协调管理机构等。

## 4.1 规划衔接机制

京津冀联合制定区域交通网络，做好规划衔接必然需要区域内各地政府的沟通协调，随着经济全球化不断加深以及当前经济的快速发展，区域经济一体化与经济全球化的局势已不容逆转，今后参与竞争的主体将是各个区域，显然地方政府间关系将成为影响区域整体竞争力的重要因素。在政府体系里，地方政府间关系是重要组成部分，区域内地方政府充当着地方治理主体的角色，各治理主体之间既存在竞争又存在合作。在推进交通基础设施一体化过程中，京津冀区域的北京市、天津市、河北省即是这样的关系，京津冀的一体化建设涵盖不同地区、涉及不同政府，这就意味着要实现京津冀区域交通基础设施的一体化，就必须做好地方政府间协调。要深化地方政府在交通基础设施建设一体化中的协同作用，尽量消除局部利益对区域共同利益的侵蚀，实现区域内整体利益的最大化，在分立的行政区划基础上形成共同的内在机制，实现跨行政区的综合协调与管理，衔接好区域内北京市、天津市、河北省三地的交通系统，进而保障区域内交通基础设施一体化能够顺利实现。京津冀地区可以制定和完善相关地方政府之间的横向协同机制，打破行政壁垒。

### 4.1.1 设立单一的规划制定与协调机构

当前每个地市参与交通规划和管理的部门有很多，更何况现在是京津冀整个区域内部的交通基础设施建设，更容易导致政出多头、职能重叠的局面，进而加大了各部门在协调资金、规划、建设等方面的难度。各地方政府可以联合起来，设立单一的管辖机构以及多种形式的特别管辖区，政府之间通过协商，探索交通管理体制改革，在区域内设立专门的机构，对京津冀区域交通基础设施的统一建设进行规划和管理，这种做法在美国、英国等国家早有先例。如纽约和新泽西在交通基础设施的一体化建设中共同组建了管理局，管理局专门负责桥梁、港口、机场和部分地铁的城际交通管理。1998年，英国为了促进交通一体化的发展，在交通部下设专门的一体化交通委。一体化交通委是个独立的团体，为交通一体化提供专门的服务。英国交通委的设立大大有助于推进跨部门的合作，助力了一体化的实现。京津冀区域可以设立综合交通委，对地铁、机场、交通、发改等相关部门的职能进行整合，统筹管理交通基础设施的一体化建设，避免政出多头，构建一个城市公交、城市轨道、高速公路、机场和高铁紧密衔接的交通运输网络体系，这将会提高管理效率，推进一体化的建设进程。同时建立权威的监督机构，构建区域内部上下级行政机构间的纵向地方政府间协调，如建立书记市长领导小组、分管副市长协调会、交通基础设施建设专项责任小组等多个层面的磋商和监督机构，以构建京津冀地区在交通基础设施建设上的决策、沟通和协调的有效平台，并且该机构对区域内交通基础设施一体化的建设要进行有效监督。因为在交通规划的实施中，常常涉及土地、资金、环境等问题，且交通规划的制定是对各种利益予以权衡的结果，其复杂性使得它不可能保证所涉及的所有当事人都实现自身利益最大化，因此，为了确保交通规划可以稳定落实，必须要有权威的机构对规划的实施情况进行适当的监督。

### 4.1.2 制定交通基础设施一体化发展总规划：3C原则

要想实现京津冀区域交通的一体化发展，必须在整体性治理与跨区域治理理论指导下，加强北京、天津、河北三省市交通基础设施的统一规划、建设和运营，以最大限度地发挥交通基础设施一体化作用。总体规划是京津冀区域协同发展的指南，交通基础设施一体化建设的总体规划要以京津冀区域和各地市区的发展需求以及职能定位为切入点，明确各市在一体化建设中的责任和任务，在此基础上统筹规划总体布局，打破行业、区块链条分裂、各自为政的弊端，加强政府之间的协调配合。交通总体规划要以国际化的视野去考虑，可以借鉴其他地区的先进经验，比如在整体合作协调机制中，可以通过定期会晤、共享信息等形式实现交通基础设施技术标准和规划布局等方面的对接，实现京津冀交通规划"一张图"，逐步推进跨省市重大基础设施建设项目的审批与立项工作，对交通基础设施的建设时序进行适当安排，确保前期各项工作能够顺利开展，制定区域交通执法协调和道路运输经营许可审批定期协商等一系列制度，推进建设、管理和服务等整个流程的一体化进程。这一系列进程的推进是需要前面所提到的专门机构，如综合交通委、书记市长领导小组的大力支持。此外，整体规划布局应符合生态环保的要求，避免出现新一轮的"摊大饼"式的发展，京津冀交通基础设施一体化的建设最终是要密切大中小城市之间的协作，明确不同地市间的职能划分，形成一种疏密相间、唇齿相依、合作互补、集约化发展的局面。

京津冀区域交通一体化规划的制定可以参照3C原则，使各地区的交通发展规划实现有效的衔接，确保交通规划的综合性、合作性、持续性。京津冀区域应联合制定网络化、智能化、大容量、低成本的现代交通体系，统筹规划包括铁路、公路、航空、水运等多种交通方式在内的海陆空通道，构建以公路、铁路为主的区域货运网络和以城际轨道、航空、快速铁路为主的区域客运网络协同发展的一体化立体交通网络，缩短了区域内的空间距离，提高了经济运行效率，做好区域内各种交通方式的有效衔接。在港口联运上，为了实现京津冀区域的协同发展，我们应持续做大海港优势并利用海港服务的辐射功能，致力于把海港建设成世界一流大港，同时加速经济发展方式转变，推进优良深水大港的建设以及先进集疏运体系和高效服务体系的构建与完善，在加快产业布局优化的基础上，推进港口的基础设施建设，不断提高港口的运营效率。唐山和秦皇岛应该在与天津共同成立的渤海津冀港口投资公司的基础上充分利用各自港口的航线优势，对港口的分工布局进行规划完善，并构建联运机制与集装箱信息共享机制，以推进航运公司在唐山和秦皇岛港口的直接装卸和停靠，努力把河北省港口建设成为大宗能源原料的北方枢纽港。另外，海运可以在推进港口后方公路、铁路和空运建设的基础上形成以天津港为枢纽，辅以秦皇岛港和黄骅港的多功能、综合性的现代化港口集疏运输体系。

在铁路联运上，要响应国家打造首都经济圈、加快京津冀区域一体化发展以及推进河北沿海地区发展三大政策的号召，利用京津冀区域处于国家核心和环渤海的优势位置，建设以城际轨道交通为主，地铁、轻轨等城市轨道交通和市郊铁路为辅的快速铁路网，同时加强东部沿海地区和冀北开发带的综合交通运输体系建设。铁路的铺建始于张家口，经由承德通向唐山的曹妃甸港区，连接内蒙古的鄂尔多斯，该条铁路的建设不仅推动了沿海港口集疏运输体系的建设，还使张家口、承德与沿海各交通节点城市之间的联系更为密切，对京津冀区域北部交通运输网络的分布格局进行了优化。另外，强化石家庄铁路枢纽的功能，推进其与公路主枢纽功能的深度融合，促进铁路项目与石家庄铁路枢纽、邯郸铁路地区、唐山铁路地区以及秦山铁路地区的改建、扩建配套，使冀中南与北京、天津之间的连接更为通畅，在确保铁路和其他运输方式互联互通的基础上积极推进铁路的分类建设。

在航空联运上，强化石家庄机场的区域枢纽功能，通过实现该机场与京石高速的互通互联提升其功能定位；将天津机场的改扩建工作提上日程，在强化其与区域内的北京市、河北省各地机场高效合作的同时，使以货运为主的天津机场的综合运输枢纽功能得到有效发挥。在空港联运上，形成由北京、天津、石家庄三地机场以及区域内其他机场组成的航空运输网络体系，同时将之并入国家综合交通体系中。这不仅把通用航空自身具备的通达性与迅速性的优势充分发挥出来，还着眼于京津冀区域整体，与区域内的水路、铁路及公路等地面集疏运枢纽及系统有效融合，呈现出不同交通方式之间有机配套、便捷连接、无缝隙衔接的局面，尤其是在中国独具优势的快捷轨道与高铁链接下缩短了海陆空枢纽之间的出港时间，同时大大提高了集疏效率。京津冀区域要创设为集中于石、保、津、廊、京和唐一线上的京津冀区域服务的核心通用机场群，就需要把机场群与区域、产业发展有效融合在一起，打造一个集航空制造、航空租赁、航空旅游和航空消费娱乐等多种产业链为一体的航空产业链布局，在此基础上构造具有鲜明产业特色的京津冀区域。

### 4.1.3 完善轨道交通的建设和发展规划

轨道交通在加强其他交通方式的衔接方面发挥着重要作用，要加快轨道交通的建设与发展进程。如日本东京区域的轨道交通可以称为世界轨道交通发展的典范，其轨道交通网是世界上最密集的，交通一体化体系也最为完善，可以极为便捷地在不同交通方式之间进行换乘，轨道交通将东京区域连接起来，高速公路、港口码头主要承担货运而轨道交通和航空体系主要承担客运。反观京津冀区域，京津冀区域轨道交通体系缺乏连接区域内主要城市的城际铁路，而城际铁路恰恰是一种环保、快捷、高效的快速客运方式，它在减缓区域交通运输压力的同时，使周边城镇的旅客出行更为便捷迅速，促进了本地的城镇化建设和城市空间布局的优化，强化了区域经济辐射的作用，使区域内交通与经济社会发展相协调。但是目前京津冀区域对于城际铁路的建设明显滞后，难以满足旅客环保、快捷的出行需求。虽然从京津冀三地轨道交通的发展程度来看，北京的最为发达，但北京轨道交通的密度与运输能力尚达不到北京市经济社会发展的需求，而轨道交通尚处于发展初期的河北省和天津市也不足以提供大运力的轨道交通运输保证廊坊、北京市远郊、保定等周边城市的出行需求。且京津冀区域与国外典型区域相比缺乏为区域居民通勤出行服务的市郊铁路，而伦敦的市郊铁路已经达到了 3650 千米，东京也已经达到了 2031 千米，[①] 差距较明显。另外，京津冀区域拥有多种交通运输方式，包括公路、铁路、港口和航空等，但是不同运输方式之间的衔接不够，其中轨道交通与其他运输方式的衔接尤甚，因此，京津冀区域应该大力推进轨道交通建设的进程。

完善京津冀区域的轨道交通体系，应做到覆盖全区域，以干线铁路为骨架，加强区域内主要城市之间的连通，利用城际铁路把区域内的中心城市连接起来，依靠市郊铁路把中心城市和周边主要城镇连接起来，通过城市轨道交通为中心城区和主城区提供服务，从而推进多层次轨道交通一体化的实现。京津冀区域城际轨道交通的交通网络应该以北京为核心，以北京、天津为主轴，以秦皇岛、石家庄为两翼，逐渐建立起覆盖北京、天津、河北三地的"两小时交通圈"。同时要深入研究、合理设计轨道交通构架图，基于当前铁路的分布格局对新的线路进行规划安排，在充分考虑京津冀区域各地的经济、文化等现有发展水平的基础上，建成一个以市区、市域和城际轨道为基础的多层级现代化的轨道网络体系，以缩减新旧线路之间的重复建设，确保市区轨道和城际铁路的有效衔接、客运快捷和货运重载的相互结合以及市内交通和市区快速通勤相互补，充分发挥轨道交通的优势，实现轨道交通和其他交通运输方式的有效对接。

综合交通枢纽可以实现包括轨道交通、公路、航空和港口在内的交通基础设施一体化的目标，机场作为一个大的点式客流源，需要大量运输方式进行衔接，联合轨道交通与航空的运营便可以有效地解决这一问题，因此，我们可以

---

① 数据来源：王兴举，范胜楠，周杨，陈进杰. 京津冀轨道交通一体化发展对策 [J]. 铁道运输与经济，2016（11）.

构建一个高效快捷的轨道交通与航空的联合运营体系，推进机场与轨道交通联合营运以及空轨交通基础设施的一体化建设。港口不仅将海运与陆运连接起来而且具有运输成本较低以及承运数量较大的优点，但是由于水域制约了线路，所以港口运速相对较慢且很难独立实现全程运输，因此，为了提高运输效率，我们需要依靠轨道交通与港口的联合运营。当前，京津冀区域内轨道交通与港口联合运营的水平较低，就占比而言，轨道交通与港口联合运营仅占铁路货运量的2%左右，占港口吞吐量的1.5%左右。[①] 京津冀区域可以发挥京津、京沪、京哈这三条铁路干线的优势加强铁路与港口的联合运营，进而在提高京津冀区域综合竞争力的同时推动区域内经济的协调发展。公路运输具有较强的灵活性和适应性，但是其安全性和环保性相对较差，如果公路与铁路联合运营，不仅可以缓解公路运输的压力，还可以大大提升运输的效率，值得大力推广。因此，京津冀区域应该对城市轨道、城际和都市区快线、高铁进行整合和合理规划，并实现不同交通运输方式之间的有效衔接及协同发展，不仅要确保轨道交通与京津冀区域13个中心城市的有效连接，而且要将轨道交通与区域内的核心城镇有机连接起来，整合优化包括密切联系区、泛联系区、城市核心区在内的区域内多种交通方式，进而构建一个环保、快捷、方便、低噪、安全的智能化交通网络体系。

### 4.1.4 完善货物运输体系规划

货物运输体系的重点是加强重载铁路的规划，并在确保区域内快速客运的同时，着眼于主要城镇、港口以及各大产业产能基地的重载化货物运输的有机连接，抓住国家一带一路发展战略的机遇，增强京津冀区域对内、对外的通达能力，推进建设和发展跨座式单轨交通。单轨交通投资小、占地少、噪声小、污染少、建设周期短、爬坡能力强、运输能力大、运输安全靠谱，不仅能够减缓区域内的交通运输的压力，而且降低环境污染，值得在区域内推广。

总之，在考虑到京津冀区域不同地区功能定位各异和满足物流、商贸、产业、人口等需求的前提下，构建一个立体化、开放化以及多种运输方式联合运营的区域性交通枢纽。另外，在对秦皇岛、唐山、石家庄的综合性交通枢纽功能进行强化以及城市间的交通运输方式（包括公路、铁路、海运、航空等）接

---

① 数据来源：王兴举，范胜楠，周杨，陈进杰. 京津冀轨道交通一体化发展对策［J］. 铁道运输与经济，2016（11）.

驳换乘统筹规划的前提下，协调规划其他城市的综合性交通枢纽。区域性的综合交通枢纽是推进交通基础设施一体化建设的重要节点，在发挥轨道交通枢纽优势的基础上进行优化布局，完成域内与域外之间、轨道交通和其他交通方式之间及不同轨道交通方式之间的一站换乘，最终实现客运"零缝隙换乘"以及货运"无缝隙衔接"的目标。

## 4.2 利益平衡机制

京津冀交通基础设施一体化建设需要大量投资，而交通基础设施又会对经过地区的居民形成干扰，如何平衡交通基础设施投资者、使用者和经过地居民（地方政府）的利益，是京津冀交通基础设施一体化建设成功的关键。因此，区域利益协调机制即公平的成本分摊机制和长期资金投入体系的建立及合理使用，使三方的权利、责任和利益更加清晰明了，在京津冀区域交通一体化建设中不可或缺。

### 4.2.1 构建协作机制

京津冀在交通基础设施方面进行了大规模投资，但此方面投资获得回报的时间较长。为了满足交通基础设施建设方面较大的资金需求，不仅需要中央政府财政拨款提供资金支持，还需要三省市借助自身力量与市场解决资金问题。可见，京津冀区域交通基础设施一体化得以发展的前提是建立京津冀成本分担机制并制定社会资本进入的详尽准则。第一，建立交通基础设施的投资分摊机制。跨区域的交通项目的联合共建，要明确各方真正受益的大小，并以此为原则，按照不同行政区域的受益程度大小来划分出资比例，在交通规划的建设区和一体化发展的受益区之间达成利益平衡，这样才会减少冲突，真正推动发展。京津冀交通基础设施建设涉及的地区、部门、企业和个人众多，关系复杂，需要政府出面组织建设、协调管理，平衡相关各方的利益关系。第二，建立交通基础设施投资的监督机制。京津冀交通一体化中各利益主体的权责如何划分、怎样分工，若出现违法行为或者权利行使不当的行为，对外如何承担责任都需要明确划分，避免出现权责不对等的现象。第三，建立交通基础设施投资的利益协调与补偿机制。利益协调机制可以打破以往各地区只追求局部利益的思想,避免因为利益冲突而给一体化建设带来不利的影响。具体而言,要想建立一套调节内部利益诉求与冲突的利益协调机制,各地区政府可以联合起来,共同组建管理机构,统筹管理与协调区域内土地规划的利用以及交通基础设施建设等公共问题,当出现权利义务分配不平衡的现象时,要根据协调机制及时调整,确保相对人的合法利益。如果在交通基础设施建设的过程中,一方承担了较大责任但获益较小,而另一方虽然承担的责任小但获益较大,这就需要运用利益补偿原则对这一问题进行磋商谈判,一个区域内的地方政府要想形成有效运作的地方政府合作机制,就必须要有与之相适应的区域利益补偿机制。该补偿机制指的是各地方政府本着平等、互惠、合作的原则,建立一套规范的制度使地方间的利益发生转移,进而合理分配各地之间的利益。

在解决地方利益冲突方面,以美国东北部大西洋区域为例,该区域的形成、发展与城际交通发展有着密切联系,城际交通的发展推动大西洋沿岸的城市融合为一个有机整体。但是在发展过程中,区域内各行政主体之间也存在许多的利益冲突,为此,美国东北部大西洋沿岸区域进行积极探索,采取了一系列措施,为了防止竞争恶化和对公共事务进行管理,该区域建立了对内部利益摩擦和诉求进行调节的协商与合作机制。另外,区域内各行政主体之间签订了合约,将行政管理与市场规则相结合,充分发挥市场规则的独特作用。以美国大西洋沿岸区域的做法为鉴,京津冀区域可以在城际交通基础设施建设方面签订政府间合约,不但能够解决资金方面的困扰,协调区域内各市在城际交通建设方面的财政收支,而且能够避免搭便车现象的发生,确保政府协同治理的效率和公平。京津冀区域内各地经济发展水平以及财政收支状况不同,在交通基础设施一体化建设过程中,各地在财政支出体系中应当承担的比例要充分考虑各地的经济发展水平和财政收支状况。京津冀区域交通基础设施的一体化只有在交通管理、运营以及建设等方面构建良好的分担与利益平衡机制才能实现深度发展。

### 4.2.2　创新协作模式

为了使三省市之间的联系更加紧密,合作更加深入,发展空间更加广阔,京津冀区域可以创新协作模式,以市场化方式组建京津冀机场管理公司、港口管理公司以及联合公交运营公司等,通过联合出资、共同建设等方式实现各地区利益共享、风险共担,提高建设效率及运营效率。保证交通基础设施使用权和管理权不变的前提下，京津冀交通基础设施一体化建设应该逐渐许可民营资本进入，并且为参与者提供公平的发展环境，使PPP制度架构和法规体系更加健全并完善风险分担机制、信用约束机制、市场准入和退出机制。通过竞争性的市场监管，实现交通市场的公平竞争，吸引大量民间资本的支持，对于收益参照投资比例进行合理分配，进而实现投融资渠道多元化，只用通过竞争方式才能发挥市场在交通建设资源配置中的作用。

当前，政府是京津冀区域交通基础设施一体化建设的主导者，政府的自我调节可以破解交通基础设施发展中的体制和机制障碍，但单纯依靠政府力量是不够的。无论哪种交通基础设施要想实现良性发展，不仅需要政府的支持和良性设计，还依赖于消费者选择和市场作用。如京津冀区域可以采取"政府退、协会进、企业为主体"的方式完善港口协同发展机制，也就是政府以协调为主，创造良好的市场环境，设立港口航运协会加快政策体系、通关手续和市场管理等一体化进程。同时，为了使利益机制与市场机制更好发挥作用，就要形成以企业为主体，以项目为载体，以资本为纽带的跨地区、跨行业的新型港口运营模式。京津冀区域多种交通运输方式并存，它们相互间既有竞争又存在着衔接和合作。三省市政府应鼓励交通运输企业之间开展竞争性合作，并在一体化建设中给予政府投资与政府补贴。不断探索并构建多元化、制度化的投入分担补偿机制，即在科学规划的基础上对交通基础设施建设和运营维护所造成的经济压力进行合理分担与补偿，并以制度形式固定下来。按照受益地区负担的原则合理承担建设投资，同时对部分经济落后地区交通建设进行资金补贴。

## 4.3 运营管理协调机制

### 4.3.1 设立交通运输管理协调机构

在交通发展上由于各地区的发展利益不一难免会出现地方保护主义，政出多门以及不同部门相互推诿的现象，因此在京津冀区域必须建立交通运输管理协调机构，即一个超越行政界线的交通合作组织。该协调机构可以使地区间针对交通基础设施的一体化进行及时沟通，有效管理区域内的交通事务，提高协调管理区域交通事务的能力。完备的管理机制是保证跨区域交通系统有序运转的前提条件，在京津冀区域内进行交通管理协调机制的设立可以使各方的责任和义务更加清晰明了，进而使跨地区不同部门间的协商与谈判更加方便快捷，交通管理的统一性也得到了有效保证。

建立京津冀区域交通运输管理协调机构，实行一体化管理，提高交通联运效率，降低管理成本。在对京津冀三省市进行无缝隙衔接的基础上，对三地的信息系统、规范、标准、政策等进行统筹协调，以此促进京津冀区域经济社会的协调发展。加大轨道交通的建设力度，发展多种通行方式，如高铁专线、城市轻轨等，同时可以将北京地铁线延伸至周边地区，打破目前北京地铁只在北京行政区划内的限制，实现跨区域发展。跨区域轨道交通实行公交化、一卡通、低票价、高速化运营，建立统一的收费付款系统和一体化运营管理机制，加强跨地区、跨交通方式的互联互通，制定交通优惠政策，在目前取得成效的基础上进一步推进 ETC（电子不停车收费系统）建设进程，也可以将 ETC 的应用范围进一步从高速公路收费扩展到城市停车场收费和道路拥堵收费等方面，扩大适用范围，推行 ETC 联名卡和 ETC 的小额支付功能。ETC 作为当前世界上最先进、最高效的路桥收费方式，它是通过装在车辆挡风玻璃上的车载电子标签和路桥收费站 ETC 车道上的微波天线之间的专用短程通讯，运用计算机联网技术与银行进行后台结算处理，① 进而做到车辆经过收费站的时候不用停车就能方便快捷地进行路桥费的缴纳。要尽可能实现 ETC 一路通，扩大省内和省界联网的 ETC 通道数量，携手众多商业银行，增设联名卡发行业务网点、客服营业网点，增加自主充值端等给客户提供更加优质服务，以大量缩减用户停车缴费的过站时间，推进交通信息化、智能化建设。

### 4.3.2 构建交通信息共享机制

区域内交通信息的共享为这一区域交通的综合运营和管理提供强大的助力，因此，京津冀区域在交通信息一体化管理方面也应积极采取措施，实现区域内的信息化、同城化。以我国长三角区域为例，长三角区域是我国区域合作中比较成功的案例，在交通信息一体化方面取得显著成果。长三角区域开发了江苏、上海等地的异地联网售票系统，同时就互通南京、杭州和上海三地的交通卡展开工作，使得三地的交通信息互通及共享局面初步形成。长三角区域建立了交

---

① 马丹丹. 北京停车场进入 ETC "智慧停车" 时代 [N]. 首都建设报，2020 - 01 - 20.

通运输法规信息通报制度、交通联合执法和稽查机制、披露和奖惩体系以及统一的诚信评价体系，同时长三角区域交通运输企业以及人员诚信系统也初见雏形。该区域把跨省市的货运市场信息网络和短途班线公交化营运有效地衔接起来，实现这三地的运管热线（96520）"一号通"联网，以提供长三角区域查询客运班车路线以及投诉处理等服务，推动了交通信息一体化的建设进程。目前京津冀区域交通信息化平台尚不完善且综合交通运输服务缺乏有效衔接，仍没有实现货运"一单式"的联运服务与客运"一票式"的联营服务，运输服务一体化建设有待加强，客运水平有待提升。京津冀三省市应加快建立智能型综合交通运输体系，重视交通信息一体化建设，积极探索交通基础信息的交换、开发、数据交换软件和运行平台的联调，建立统一的管理信息平台和统一的信息技术标准。同时京津冀区域应对各种信息资源进行有效整合，建成一个可靠的高效区域运输管理平台，以实现交通信息服务共享、货物多式联运、客运联网售票等方面的联动，共享区域内的交通运输信息资源，不仅能实现信息交换、互连和互通，还可以提升管理效率，降低行政和货运交易成本，提高运输效益。京津冀区域可以利用全球定位系统（GPS）、地理信息系统（GIS）、电子数据交换（EDI）等信息技术，推动建设智能型综合交通运输的进程，提高区域管理的一体化、智能化水平，适应大数据时代的要求。京津冀区域可以借鉴长三角区域的经验，构建统一的披露和奖惩体系、诚信评价体系，使区域内各种交通信息的网络有效衔接，实行联合执法。

要完成交通卡的互通，真正实现一张交通卡走遍京津冀整个区域，公交一卡通是京津冀协同发展的重要标志，要想实现京津冀区域公交一卡通，技术问题并不是阻碍，关键因素是人。现如今，各个城市一卡通的发卡单位众多，各地的标准不同，因此，在统一一卡通方面，各地需要达成共识。交通一卡通问题涉及了众多行业以及不同的公司，其中必定牵扯利益分配问题，京津冀区域要成立一个统一的结算中心以解决各地跨地区结算问题。目前，京津冀区域一卡通建设正在进行中，取得了不小的成绩。京津冀区域交通一卡通互联互通项目北京一期工程：2015年完成了对交通一卡通进行互联互通的试点工作，初步建设区域中心；对一卡通系统进行了升级，对地面139条公交营运车辆的交通一卡通进行互联互通，2015年12月25日，京津冀区域"互联互通卡"在顺利完成一期工程项目目标后正式进入试点运营阶段。京津冀区域交通一卡通互联互通项目北京二期工程：在2016年至2017年间对区域中心与北京市的交通一卡通系统进行完善和优化升级，同时完成市区内除定制商务公交以外的余下公交线路的互联互通工作，完成轨道交通全路网、远郊区客运线路交通一卡通互联互通及升级改造工作。2016年12月25日，全面完成了北京市内除定制商务公交外的全部公交线路和公交集团运营的122条郊区线路的互联互通工作。总之，在未来一段时间，要加快推进京津冀区域交通"一卡通"、高速公路ETC和客运网络售票的全覆盖，进一步向民众推广京津冀区域联合发行的"交通联合"互通卡。

# 5.

# 京津冀区域交通基础设施投资溢出效应的实证分析

# 5. 京津冀区域交通基础设施投资溢出效应的实证分析

无论从交通基础设施投资效率看，还是从交通基础设施发展阶段看，京津冀区域交通基础设施投资应优先投于河北、天津次之。由于交通基础设施投资不仅对本地区产生影响，也可能对其他地区产生溢出效应。那么，将交通基础设施投资于河北、天津是否能给京津冀区域带来最大效应？北京、天津和河北三地哪个地区的溢出效应较大？这种溢出效应是否会随着时间推移发生改变？本章基于柯布—道格拉斯生产函数，以区域外交通基础设施投资、本地区交通基础设施投资、私人投资、就业与产出的增长率五个变量构建 VAR 模型，利用乔里斯基（Cholesky）分解和脉冲响应分析测算一个地区的区域外交通基础设施投资和本地区交通基础设施投资对该地区私人投资、就业与产出的效应，以此来研判京津冀区域交通基础设施投资的最佳地点及其动态变化。

## 5.1 模型与方法

### 5.1.1 理论模型

按照一般经济理论，一国经济的劳动力、投资（包括私人投资和公共投资）、技术、产出等各种因素之间是相互影响的，交通基础设施投资是公共投资的主要组成部分，它和各经济变量间的联系是动态的。该动态联系体现在：一是交通基础设施投资不仅能够作为生产投入要素对经济产出产生直接影响，还能经由规模效应和替代效应作用于劳动力、私人投资等生产要素，进而对产出水平产生间接影响。规模效应表现为交通基础设施投资的提高对私人投资产生挤入效应，增加劳动力需求，对生产有积极的促进作用；在其他条件不变的情况下，替代效应体现为扩大交通基础设施投资额或者对私人投资产生挤出效应，或在一定程度上降低了对劳动力的需求，进而减少了产出水平。二是从某种程度上来说，公共投资推动了技术的进步，阿肖尔（Aschauer）把技术进步分解为

公共投资和私人投资比的非线性函数,并将其引入生产函数模型。本书放松了阿肖尔规模报酬不变的假设,将生产函数设定为①:

$$Y = AK^{\alpha}L^{\beta} \tag{5-1}$$

其中:$Y$ 为产出;$K$ 为私人投资;$L$ 为劳动力;$A = \left(\dfrac{K_G}{K}\right)^r$,$K_G$ 为公共投资。

方程(5-1)两边同时取对数可得:

$$\ln Y = r(\ln K_G - \ln K) + \alpha \ln K + \beta \ln L \tag{5-2}$$

整理得:

$$\ln Y = r\ln K_G + (\alpha - r)\ln K + \beta \ln L \tag{5-3}$$

方程(5-3)在 $t$ 时刻可表示为:

$$\ln Y_t = r\ln K_{Gt} + (\alpha - r)\ln K_t + \beta \ln L_t \tag{5-4}$$

方程(5-4)进行一阶差分可得:

$$\Delta \ln Y_t = r\Delta \ln K_{Gt} + (\alpha - r)\Delta \ln K_t + \beta \Delta \ln L_t \tag{5-5}$$

以上推导过程可以得出:公共投资、私人投资、就业和产出这四种要素的增长率之间是相互影响的。由于方程(5-5)所构建的模型存在内生性且科布—道格拉斯生产函数不能严格定义不同变量之间的动态关系,而向量自回归(Vector Autoregression,简称 VAR)模型可以弥补这方面的缺陷,因此,本部分的实证方法采用 VAR 模型。建立 VAR 模型仅需要满足两方面的条件:建立 VAR 模型的不同变量之间是相互影响的;建立模型的各变量间存在一定的滞后效应。

### 5.1.2 实证方法:VAR 模型

为了对交通基础设施投资、就业、私人投资与产出四者之间的关系进行研究,我们在以往广泛的采用生产函数法,也就是把交通基础设施投资和私人投资作为生产要素投入同时纳入宏观生产函数中,进而对交通基础设施投资的产出弹性进行估算并就其对经济发展的效应展开研究。但生产函数法存在一定的不足,该方法不能详细阐明不同变量之间的动态关系,且不能对滞后效应造成方程两边同时出现内生变量这一问题进行有效的解决,向量自回归(VAR)模型恰恰对这一不足之处进行了弥补。

1980 年西姆斯(Sims)提出了 VAR 估计方法,这一方法以数据统计的性质为基础而不是经济理论,突破了传统的回归方法。西姆斯指出经济活动会随着时间的变化而变化并最终在变量数据上有所呈现,剖析数据自身所具有的特性就可以

---

① 韩仁月,常世旺. 中国省级公共投资的区域效应:互利共赢还是以邻为壑 [J]. 财经研究,2010(4).

对经济活动的特征有所了解。VAR 模型是一种既不需要先验的理论基础也不需要将变量内生、外生以及因果关系的问题纳入考虑范围的时间序列分析方法，且是一种动态模型，它把看作内生变量的各变量及其滞后项、其他变量的滞后项作为解释变量，将各变量间的互动关系用一组回归方程来表示。VAR 方法在剖析具有大量观测值的宏观时间序列方面应用广泛，它在应用经济学领域取代了传统的联立方程模型且成效显著。VAR 是主要以数据来对不同变量间的关系进行解释而不需要诸多经济理论支持的一种非结构化模型，它多用于相互联系的时间序列的预测以及随机扰动对变量系统动态冲击情况的分析，进而可以揭示出经济冲击对各种经济变量的作用效果，是多个相关经济指标预测和分析处理中最为方便操作的模型之一。脉冲响应函数（Impulse Response Function）是向量自回归的主要分析工具，它衡量来源于随机扰动项的一个标准差新生值（Innovation）或者冲击（Shock）对全部内生变量当前与未来取值的影响，不仅刻画了系统对新生值（或者冲击）扰动的动态反应，而且可以从中辨别出不同变量之间的时滞关系。

一个 VAR 模型通过特定数目的当期变量，对变量本身与其他变量的滞后值展开回归，由下列 $n$ 个方程构成：

$$X_{1,t} = \alpha_{10} + \sum_{j=1}^{p}\alpha_{11j}X_{1,t-j} + \sum_{j=1}^{p}\alpha_{12j}X_{2,t-j} + \cdots + \sum_{j=1}^{p}\alpha_{1nj}X_{n,t-j} + \varepsilon_{1t}$$

$$\vdots$$

$$X_{n,t} = \alpha_{n0} + \sum_{j=1}^{p}\alpha_{n1j}X_{1,t-j} + \sum_{j=1}^{p}\alpha_{n2j}X_{2,t-j} + \cdots + \sum_{j=1}^{p}\alpha_{nnj}X_{n,t-j} + \varepsilon_{nt}$$

其中，$X_1, X_2, \cdots, X_n$ 为 $j=1, 2, \cdots, t$ 时的内生变量；$\alpha_{10} \cdots \alpha_{nnj}$ 为参数；$p$ 为内生变量的滞后阶数；$\varepsilon_{1t} \cdots \varepsilon_{nt}$ 为扰动项。在该模型中，只有内生变量的滞后项在方程等式的右侧，因此我们可以把全部的解释变量看作前定变量，这和当期扰动项 $\varepsilon_t$ 是不相关的，故可以运用最小二乘法（OLS）分别估计每个方程并获得一致的估计量。本书用 VAR 模型针对交通基础设施投资（区域外与本地区）对产出、就业和私人投资的作用效果展开研究，结合脉冲响应函数来计算交通基础设施投资对产出、就业和私人投资的溢出效应。

## 5.2 实证分析

从方程 5-5 可以得出，公共投资、私人投资、就业和产出增长率符合构建

VAR 模型的要求,本书为了计算京津冀区域交通基础设施投资的溢出效应,故把交通基础设施投资划分为区域外交通基础设施投资与本地区交通基础设施投资两类,并用区域外交通基础设施投资、本地区交通基础设施投资、产出、就业和私人投资这几个变量进行 VAR 模型的构建。这些变量都是以对数差分形式存在,代表着增长率。

### 5.2.1 数据及变量

(1) 交通基础设施投资

本章把交通基础设施投资划分为区域外与本地区交通基础设施投资。本地区交通基础设施投资的数据来源在第 2 章交通基础设施投资效率测算时已经介绍过,这里不再详细阐述。在京津冀区域内,北京的区域外交通基础设施投资,即是天津与河北两省市交通基础设施投资的总和;天津市,是北京与河北两省市交通基础设施投资的总和;同样,河北是北京和天津两市交通基础设施投资的总和。交通基础设施投资按照三省市的商品零售价格指数(以 1978 年为基期)进行折算。数据来自三省市的统计年鉴。

(2) 产出

产出用 GDP 来表示且对名义 GDP 进行折算,将其折算为实际值,即实际 GDP = 名义 GDP/GDP 折算指数。本书采用以 1997 年为 100 的北京、天津和河北三省市的 GDP 折算指数来调整这三地的名义 GDP。GDP 折算指数是根据三省市的 GDP 指数计算得来的,GDP 折算指数 = $\frac{第\,t\,年名义\,GDP}{第\,t\,年\,GDP\,指数} \div \frac{1997\,年\,GDP\,名义值}{1997\,年\,GDP\,指数}$,上述数据来源于三省市的统计年鉴。

(3) 私人投资

全社会固定资产投资可以划分为公共投资与私人投资,故私人投资可以通过固定资产投资总额减去合成的公共投资部分而得到。本书将公共投资界定为:交通运输、仓储和邮政业;电力、燃气及水的生产及供应业;水利、环境和公共设施管理业;科学研究、技术服务和地质勘查业;卫生、社会保障和社会福利业;教育;公共管理和社会组织;文化、体育和娱乐业。我们用北京、天津和河北 1997—2018 年的上述行业固定资产投资数据合成总公共投资。1997—2018 年的数据来自于《中国统计年鉴》和《中国固定资产投资统计年鉴》。各省市私人投资同样按照以 1978 年为基期的商品零售价格指数进行折算。

(4)就业

就业用北京市、天津市和河北省1997—2018年年底从业人员数来衡量。

### 5.2.2 模型设定

以区域外交通基础设施投资、本地区交通基础设施投资、产出、就业、私人投资这五个变量的增长率进行 VAR 模型的构建，北京、天津与河北三省市各构建一个 VAR 模型，由此可以得到三个 VAR 模型。这三个 VAR 模型的设定情况如表 5-1 所示，并且按照 AIC 准则对模型的滞后阶数进行确定。

表 5-1　　　　　　　各地区 VAR 模型的设定

| 地区 | 滞后期数 | 常数项 |
| --- | --- | --- |
| 北京 | 2 | C |
| 天津 | 2 | C |
| 河北 | 2 | C |

### 5.2.3 平稳性检验

构建 VAR 模型后，要对模型的平稳性进行检验。时间序列数据因其具有显著的时间趋势通常是非平稳的，如果直接用这部分数据对变量展开回归分析，可能会导致伪回归现象的出现。因此必须对时间序列数据的平稳性进行检验以确保实证分析的估计结果不受伪回归的影响以及 VAR 模型的运用更加合理恰当。本书运用迪基和富勒（Dickey-Fuller）的 ADF 单位根检验，其检验的一般方法为：

$$DY_t = \alpha + \beta \times t + \delta \times Y_{t-1} + \sum_{i=1}^{p} \gamma_i \times \Delta Y_{t-1} + \varepsilon_t$$，其中，$\alpha$、$\beta$、$\delta$、$\gamma$ 是参数；$t$ 是时间趋势因素；$p$ 是最优滞后阶数；$\varepsilon$ 是随机误差项，独立同分布的白噪声过程。在检验过程中根据 SIC 准则确定滞后阶数。

1988 年，菲利普斯和珀森（Phillips and Perron）为了使统计量的渐进分布不受自相关的影响，提出了非参数检验方法也就是 PP 检验来解决序列相关问题。PP 检验运用 DF 检验方程并修正了 $\rho$ 统计量与 $t$ 统计量。PP 检验统计量为：

$$\tilde{t}_\rho = t_\rho \left(\frac{\gamma_0}{f_0}\right)^{1/2} - \frac{T(f_0 - \gamma_0)Se(\hat{\rho})}{2f_0^{1/2}\hat{\sigma}},$$ ① 其中：$\hat{\sigma}$ 表示回归方程的标准差；$\gamma_0 = \frac{(T-k)\hat{\sigma}^2}{T}$，$f_0$ 表示残差的 0 频率谱。经由 PP 检验修正的 $t$ 统计量的渐进分布和 ADF 统计量一致，因而二者的判别方法和临界值也一致。

本书对北京、天津与河北三省市的区域外交通基础设施投资、本地区交通基础设施投资、私人投资、就业和实际 GDP 的对数差分构建的 VAR 模型进行平稳性检验。如图 5-1、图 5-2、图 5-3 所示，这三个模型都是平稳的。

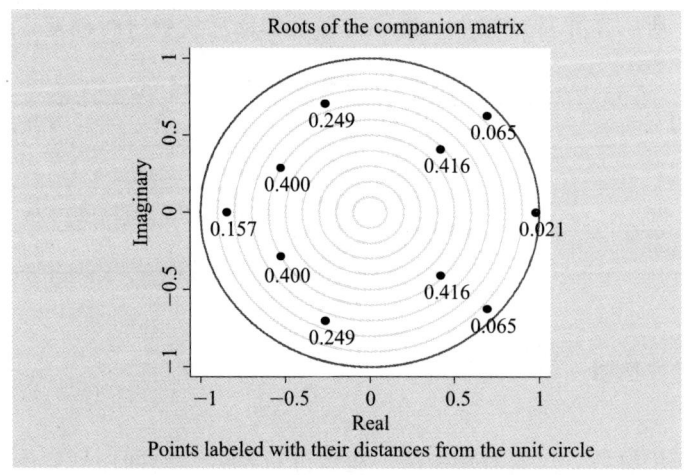

图 5-1 北京 VAR 模型的单位根检验图

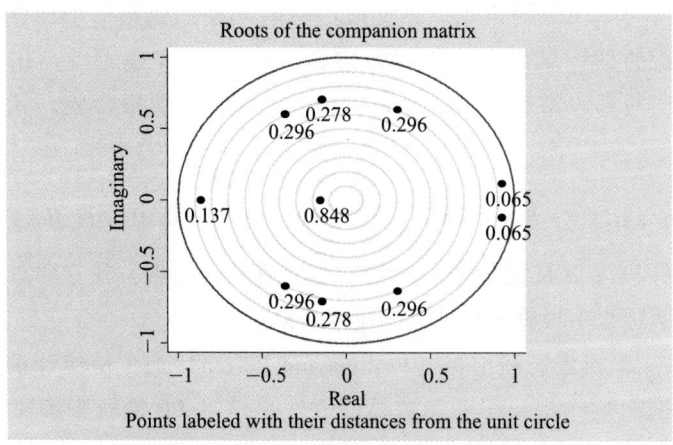

图 5-2 天津 VAR 模型的单位根检验图

---

① 韩仁月，常世旺. 中国省级公共投资的区域影响——以产出为例 [J]. 山西财经大学学报，2009 (11).

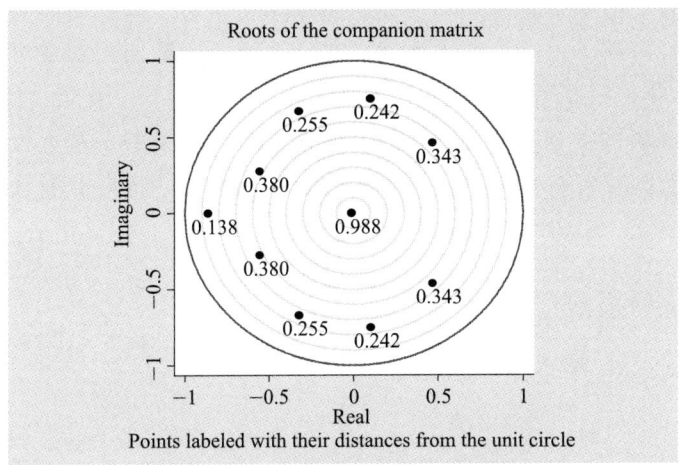

图 5-3 河北 VAR 模型的单位根检验

### 5.2.4 动态分析

由于 VAR 模型是平稳的,故可对上述三个模型展开脉冲响应分析。所谓脉冲响应函数就是刻画误差冲击时一个内生变量的反映,也就是施加一个标准差大小的冲击在随机误差项之上后对内生变量的当期值与未来值的作用效果。交通基础设施投资变量在 VAR 模型中是内生的,随机扰动是外生的。那么,在分析交通基础设施投资对私人投资、就业与产出的动态作用时,关键是要识别出来自交通基础设施投资的冲击。本书采用乔利斯基(Cholesky)分解法从总冲击中分离出交通基础设施投资冲击。本地区的交通基础设施投资相对于区域外的交通基础设施投资来说规模较小,因此我们可以将前者的变化视为由后者冲击引起的;由于决策者不清楚私人投资在政策制定时的状况,仅掌握私人投资的以往信息,因此可以把私人投资的变化视为由交通基础设施投资的冲击引起的。综合上述两个方面,我们可以将冲击的共同部分按照下列顺序进行分解:区域外的交通基础设施投资、本地区的交通基础设施投资、私人投资、就业与 GDP。[①]

基于累积脉冲响应函数的结果可得到累积弹性的数值。累积弹性是未来一定时期内私人投资、就业和产出对交通基础设施投资(本地区和区域外)累积

---

① 韩仁月,常世旺,段超.中国省级公共投资对私人投资的动态效应研究 [J].财贸研究,2009(6).

变化一个百分点的累积百分比反应。本书按照冲击消失的时间即响应函数的收敛时间来选择时期。由北京、天津和河北脉冲响应函数图的观察可知，收敛时期大多为 20 年，因此，基于可比性本书对这三省市 5 年、10 年、15 年和 20 年的累积弹性分别进行计算。另外，依据交通基础设施投资对私人投资、就业和产出的累积弹性可进行交通基础投资的边际私人投资、边际就业和边际产出的计算，即：

$$MKK_G = \varepsilon_K \times \frac{K}{K_G}$$

$$MLK_G = \varepsilon_L \times \frac{L}{K_G}$$

$$MYK_G = \varepsilon_Y \times \frac{Y}{K_G}$$

其中，$MKK_G$ 表示交通基础设施投资的边际私人投资；$MLK_G$ 表示交通基础设施投资的边际就业；$MYK_G$ 表示交通基础设施投资的边际产出。$\varepsilon_K$、$\varepsilon_L$、$\varepsilon_Y$ 分别表示交通基础设施投资私人投资的累积弹性、交通基础设施投资就业的累积弹性和交通基础设施投资产出的累积弹性。$\frac{K}{K_G}$、$\frac{L}{K_G}$、$\frac{Y}{K_G}$ 基于样本区间最后 5 年、10 年、15 年和 20 年的数据进行计算后取平均值。

（1）交通基础设施投资对产出的动态效应分析

由于本书把交通基础设施投资划分为区域外交通基础设施投资与本地区交通基础设施投资，所以依据上述边际产出公式分别对区域外交通基础设施投资的边际产出（$MYK_{OG}$）与本地区交通基础设施投资的边际产出（$MYK_{JG}$）进行计算，进而计算出该地区交通基础设施投资对产出的溢入效应，即：

$$\frac{MYK_{OG}}{MYK_{OG} + MYK_{JG}}$$，计算结果如表 5 - 2 所示。

表 5 - 2    交通基础设施投资的产出弹性、边际产出与溢入效应

| 地区 | 产出弹性 | | | | 边际产出 | | | | 总边际产出 | | 溢入效应 | |
|---|---|---|---|---|---|---|---|---|---|---|---|---|
| | 本地区交通基础设施投资 | | 区域外交通基础设施投资 | | 本地区交通基础设施投资 | | 区域外交通基础设施投资 | | | | | |
| | 5 年 | 10 年 | 5 年 | 10 年 | 5 年 | 10 年 | 5 年 | 10 年 | 5 年 | 10 年 | 5 年 | 10 年 |
| 北京 | 0.003 | 0.004 | 0.014 | 0.032 | 0.240 | 0.303 | 0.434 | 0.991 | 0.674 | 1.294 | 64.4% | 76.6% |
| 天津 | 0.027 | 0.067 | 0.050 | 0.149 | 2.825 | 5.723 | 1.189 | 3.148 | 4.014 | 8.871 | 29.6% | 35.5% |
| 河北 | -0.014 | -0.003 | -0.025 | -0.012 | -1.059 | -0.225 | -2.091 | -0.894 | -3.15 | -1.119 | — | — |

续表

| 地区 | 产出弹性 | | | | 边际产出 | | | | 总边际产出 | | 溢入效应 | |
|---|---|---|---|---|---|---|---|---|---|---|---|---|
| | 本地区交通基础设施投资 | | 区域外交通基础设施投资 | | 本地区交通基础设施投资 | | 区域外交通基础设施投资 | | | | | |
| | 15年 | 20年 | 15年 | 20年 | 15年 | 20年 | 15年 | 20年 | 15年 | 20年 | 15年 | 20年 |
| 北京 | 0.002 | 0.003 | 0.045 | 0.058 | 0.172 | 0.315 | 1.719 | 2.638 | 1.891 | 2.953 | 90.9% | 89.3% |
| 天津 | 0.099 | 0.116 | 0.237 | 0.288 | 8.636 | 10.942 | 4.988 | 6.336 | 13.624 | 17.278 | 36.6% | 36.7% |
| 河北 | 0.004 | -0.014 | 0.004 | -0.025 | 0.375 | -1.336 | 0.347 | -2.533 | 0.722 | -3.869 | 48.1% | — |

注：在进行溢入效应计算时，本地区交通基础设施投资的边际产出或者区域外交通基础设施投资的边际产出出现负值则视为0。"—"意为两者都是0。

①就北京、天津和河北本地区交通基础设施投资的效应而言（如表5-2所示），北京、天津和河北（15年）的本地区交通基础设施投资促进了本地区产出的增加。天津从本地区交通基础设施投资中受益最大，北京次之。交通基础设施投资的目的是促进经济增长，但河北5年、10年并没有达到预期的效果，其从本地区交通基础设施投资中受到的影响是负面的。从5—20年的变化趋势看，天津从本地区交通基础设施投资中的受益逐渐增大；河北只有第11—16年间从本地区交通基础设施投资中获益，而后交通基础设施投资又对河北产出产生负效应。

②就区域外交通基础设施投资的效应而言，北京、天津、河北（15年）的区域外交通基础设施投资对这三省市本地区产出产生了正溢出效应。就5年、10年、15年和20年边际产出的平均值而言，北京是受益较大的地区，天津次之。而河北5年、10年从区域外交通基础设施投资中受到负面影响，表明北京、天津两地的交通基础设施投资并没有对河北产生正溢出效应。从5—20年的变化趋势看，北京、天津本地区从区域外交通基础设施投资中的受益逐渐增大；河北只有第12—15年间从区域外交通基础设施投资中获益，而后区域外交通基础设施投资又对本地区产出产生负效应。

③就交通基础设施投资总边际产出也就是区域外和本地区交通基础设施投资的边际产出总和而言，天津从交通基础设施投资总效应中受益最大，北京次之。从总边际产出5—20年的变化趋势看，北京、天津从交通基础设施投资中获得的总产出逐渐增大，可见，交通基础设施投资促进各地经济活动集中度的提高，进而推动了产出集中。

④就交通基础设施投资产出的溢入效应而言，也就是从相对量的角度研究区域外交通基础设施投资对某地区总边际产出的贡献度。由表5-2可以看出，北京获得的交通基础设施投资溢入效应最大，天津次之，随着时间的推移，两地的溢入效应逐渐增大。在交通基础设施投资产出总效应中，北京的区域外交

通基础设施投资产出效应占比较大；而天津的本地区交通基础设施投资产出效应更大。河北5年、10年、20年的溢入效应为零，虽然在京津冀区域，但经济上并没有受到很大的带动。

（2）交通基础设施投资对就业的动态效应分析

利用公式 $\dfrac{MLK_{OG}}{MLK_{OG}+MLK_{IG}}$ 计算出交通基础设施投资对就业的溢入效应，如表5-3所示。

表5-3　交通基础设施投资的就业弹性、边际就业与溢入效应

| 地区 | 就业弹性 | | | | 边际就业 | | | | 总边际就业 | | 溢入效应 | |
|---|---|---|---|---|---|---|---|---|---|---|---|---|
| | 本地区交通基础设施投资 | | 区域外交通基础设施投资 | | 本地区交通基础设施投资 | | 区域外交通基础设施投资 | | | | | |
| | 5年 | 10年 | 5年 | 10年 | 5年 | 10年 | 5年 | 10年 | 5年 | 10年 | 5年 | 10年 |
| 北京 | -0.022 | 0.003 | 0.017 | 0.027 | -0.160 | 0.023 | 0.047 | 0.086 | 0.047 | 0.109 | 100% | 78.9% |
| 天津 | 0.011 | 0.047 | 0.015 | 0.102 | 0.078 | 0.317 | 0.024 | 0.172 | 0.102 | 0.489 | 23.5% | 35.2% |
| 河北 | -0.005 | -0.008 | -0.009 | -0.015 | -0.068 | -0.131 | -0.136 | -0.236 | -0.204 | -0.367 | — | — |
| 地区 | 就业弹性 | | | | 边际就业 | | | | 总边际就业 | | 溢入效应 | |
| | 本地区交通基础设施投资 | | 区域外交通基础设施投资 | | 本地区交通基础设施投资 | | 区域外交通基础设施投资 | | | | | |
| | 15年 | 20年 | 15年 | 20年 | 15年 | 20年 | 15年 | 20年 | 15年 | 20年 | 15年 | 20年 |
| 北京 | -0.011 | -0.008 | 0.059 | 0.062 | -0.121 | -0.132 | 0.296 | 0.442 | 0.296 | 0.442 | 100% | 100% |
| 天津 | 0.082 | 0.103 | 0.194 | 0.258 | 0.761 | 1.497 | 0.435 | 0.845 | 1.196 | 2.342 | 36.4% | 36.1% |
| 河北 | -0.002 | -0.005 | -0.005 | -0.009 | -0.059 | -0.193 | -0.130 | -0.392 | -0.189 | -0.585 | — | — |

注：在进行溢入效应计算时，本地区交通基础设施投资的边际就业或者区域外交通基础设施投资的边际就业出现负值则视为0。"—"意为两者都是0。

①就区域内交通基础设施投资的效应而言，北京（10年）、天津的本地区交通基础设施投资促进了就业，这说明了本地区的交通基础设施投资和劳动力要素二者互补，投资的增加拉动了就业。天津的本地区交通基础设施投资对就业的边际促进作用最大；而北京（5年、15年、20年）和河北的本地区交通基础设施投资对就业的影响是负面的。可见，在河北和北京地区通过加大交通基础设施投资来带动就业并没有获得预期效果。就发展趋势来看，天津本地区交通基础设施投资对就业的促进作用逐渐增大；北京只有第8—10年间本地区交通基础设施投资对就业产生正效应，随着时间的推移，本地区交通基础设施又对就业产生负效应。

②就区域外交通基础设施投资的效应而言，北京和天津区域外交通基础设施投资可以促进本地区的就业，天津从区域外交通基础设施投资中受益最大，

北京次之。区域外交通基础设施投资对河北就业产生负效应。从变化趋势看,北京和天津从区域外交通基础设施投资中的受益逐渐增大;而区域外交通基础设施投资对河北就业一直产生负效应。

③就交通基础设施投资总边际就业而言,从交通基础设施投资中获益最大的是天津,北京次之;河北受负效应影响。从变化趋势看,北京、天津从交通基础设施投资中的受益逐渐增大。交通基础设施投资促进了以北京、天津为中心的就业地带的形成。

④就交通基础设施投资就业的溢入效应而言,北京是最大的溢入地区,天津次之,北京5年、15年和20年的溢入效应为100%,10年为78.9%;天津的溢入效应则由5年的23.5%增加到20年的36.1%。北京的就业主要受到区域外交通基础设施投资的正效应影响;而本地区交通基础设施投资对天津就业的正效应显著大于区域外交通基础设施投资。可见,在京津冀区域内,北京、天津成为劳动力的净流入地;河北成为净流出地。

(3)交通基础设施投资对私人投资的动态效应分析

利用公式 $\dfrac{MKK_{OG}}{MKK_{OG}+MKK_{IG}}$ 可计算交通基础设施投资对私人投资的溢入效应,如表5-4所示。

表5-4 交通基础设施投资的私人投资弹性、边际私人投资与溢入效应

| 地区 | 私人投资弹性 | | | | 边际私人投资 | | | | 总边际私人投资 | | 溢入效应 | |
|---|---|---|---|---|---|---|---|---|---|---|---|---|
| | 本地区交通基础设施投资 | | 区域外交通基础设施投资 | | 本地区交通基础设施投资 | | 区域外交通基础设施投资 | | | | | |
| | 5年 | 10年 | 5年 | 10年 | 5年 | 10年 | 5年 | 10年 | 5年 | 10年 | 5年 | 10年 |
| 北京 | -0.007 | -0.017 | 0.100 | 0.088 | -0.050 | -0.117 | 0.271 | 0.246 | 0.271 | 0.246 | 100% | 100% |
| 天津 | 0.081 | 0.182 | 0.120 | 0.357 | 1.352 | 2.503 | 0.459 | 1.223 | 1.811 | 3.726 | 25.3% | 32.8% |
| 河北 | -0.075 | -0.070 | -0.087 | -0.086 | -1.157 | -0.975 | -1.491 | -1.213 | -2.648 | -2.188 | — | — |
| 地区 | 私人投资弹性 | | | | 边际私人投资 | | | | 总边际私人投资 | | 溢入效应 | |
| | 本地区交通基础设施投资 | | 区域外交通基础设施投资 | | 本地区交通基础设施投资 | | 区域外交通基础设施投资 | | | | | |
| | 15年 | 20年 | 15年 | 20年 | 15年 | 20年 | 15年 | 20年 | 15年 | 20年 | 15年 | 20年 |
| 北京 | 0.006 | -0.019 | 0.150 | 0.170 | 0.047 | -0.175 | 0.516 | 0.684 | 0.563 | 0.684 | 91.7% | 100% |
| 天津 | 0.262 | 0.307 | 0.576 | 0.711 | 3.214 | 3.637 | 1.724 | 2.006 | 4.938 | 5.643 | 34.9% | 35.5% |
| 河北 | -0.027 | -0.081 | -0.010 | -0.091 | -0.360 | -0.953 | -0.129 | -1.114 | -0.489 | -2.067 | — | — |

注:在进行溢入效应计算时,本地区交通基础设施投资的边际私人投资或者区域外交通基础设施投资的边际私人投资出现负值则视为0。"—"意为两者都是0。

①从区域内交通基础设施投资的效应看,北京(15年)、天津的本地区交通基础设施投资对私人投资产生挤入效应;天津从本地区交通基础设施投资的边际私人投资中获益最大;北京(5年、10年、20年)和河北的本地区交通基础设施投资对私人投资产生挤出效应,这两地通过交通基础设施投资拉动私人投资的举措并没有获得预期效果。就变化趋势而言,天津的私人投资从本地区交通基础设施投资中的获益逐渐增大;而河北的私人投资一直受交通基础设施投资负效应的影响。

②从区域外交通基础设施投资的效应看,北京、天津的区域外交通基础设施投资对私人投资产生挤入效应,其中,私人投资获益最大的是天津;而河北的区域外交通基础设施投资对本地区私人投资产生了挤出效应。就变化趋势而言,北京、天津从区域交通基础设施投资中的获益逐渐增大;而河北获得的负效应呈现减小的趋势。

③从交通基础设施投资总边际私人投资看,北京和天津仍是获益最大的地区,且随着时间的推移,受益逐渐增大,天津的受益高于北京;而河北的私人投资一直受交通基础设施投资挤出效应的影响。可见,在京津冀区域内,交通基础设施的形成促进了私人投资逐渐向北京、天津两地集中。

④从交通基础设施投资的私人投资溢入效应看,北京的溢入效应最大,天津次之。北京5年、10年和20年的溢入效应为100%,15年为91.7%;天津的溢入效应则由5年的25.3%增加到20年的35.5%。北京的私人投资主要受益于区域外交通基础设施投资;而天津更多的受益于本地区交通基础设施投资。

## 5.3 小结

通过实证研究京津冀区域内交通基础设施投资(区域外和本地区)对私人投资、就业与产出的动态效应,本章得出以下结论:

一是无论从产出、就业还是私人投资的动态效应看,北京都是最大的溢入地区,天津次之;河北一直受负效应的影响,虽然在第15年左右有短暂几年的正收益。这表明私人投资、就业与产出在交通基础设施投资的推动下逐渐向北京和天津集中,省际经济发展存在以邻为壑的现象。

二是从京津冀区域整体效应(产出、就业和私人投资)最大化出发,投资最优地点选择依次是:河北、天津、北京。但如何平衡受负效应影响最大的河北省的利益,缩小地区差距,这需要地区间利益平衡机制的构建。

# 6.

# 区域内交通基础设施有效配置的经验与借鉴

## 6.1 国内典型区域的经验与借鉴

### 6.1.1 交通基础设施配置的现状

(1) 长三角交通基础设施配置的现状

长三角区域以上海为中心，涵盖苏浙皖沪三省一市全部区域。它作为面向全球、辐射亚太、引领全国的世界级区域，一直以来是中国对外开放程度最高、基础设施配置最为完善、经济发展最活跃、科技创新能力最强、产业布局最合理、吸引外来人员最多的区域之一。长三角区域综合交通一体化是实现长三角更高质量发展的基石，所以该地区的交通一体化发展现状受到社会各界的广泛关注。

纵观长三角区域发展，该区域的交通一体化已初具规模，基本形成了高速公路网络、高铁网络、枢纽型机场和枢纽型港口等协同发展的快速交通网络格局，再加上长三角得天独厚的地理位置优势，使其具有通江达海、四面辐射的优越条件。改革开放以来特别是党的十八大以来，长三角区域交通网络进一步完善，运输服务水平显著提升，交通一体化发展取得前所未有的成绩，为长三角区域未来的经济发展提供了良好的契机，总体与长三角区域经济社会发展相适应。

①一体联通的综合交通基础设施网络初步成型

一是长三角区域拥有以"四纵五横"为主骨架的干线铁路网；二是长三角区域拥有以"四纵、四横、一环"为主通道的公路网，形成了比较完善的公路通道布局；三是长三角区域还拥有全国最发达的内河航道网。长三角区域形成了以高速铁路、高速公路和长江黄金水道为主的多向联通对外运输大通道和城际综合交通网络。相较于全国平均水平，长三角区域的高速公路、高速铁路、民用机场覆盖率更高，为经济发展提供更大便利。

②机场港口众多，门户枢纽功能更加显著

随着改革开放的不断深入，长三角区域逐渐形成了"一体两翼"的世界级港口群，其中"一体"是指上海港，而"两翼"是指江浙沿海港口。长三角区域航线众多,其中上海市作为国际航运中心,它的门户枢纽功能日益凸显。目前,长三角区域已经形成了以浦东、虹桥、杭州、无锡、南京、合肥等多个机场为枢纽的功能完备、全球通达、客货兼顾的世界级机场群。

③一体衔接的运输服务质量不断提升

长三角区域综合运输服务能力的不断提高,不仅是因为其依托包括城际铁路、高速铁路、长江黄金水道、高速公路和国内外航线在内的多层次综合交通网络,还因为长三角拥有国际性、全国性、区域性和多层次的综合交通枢纽,以强有力的交通网络作为支撑,运输服务能力更上一层楼。

为了适应当今社会对交通运输的庞大需求量,江海联运、海铁联运、海河联运等联运方式层出不穷。此外,长三角区域还发展了不同运输方式相互结合的现代化综合客货运枢纽,旅客联程联运和货物多式联运等方式并逐渐稳步推广,运输效率得到了极大的提高。

④交通建设实力逐渐凸显

近年来,长三角区域启动了多项超级工程建设,比如建成了杭州湾跨海大桥、丹昆特大桥、钱江通道和上海长江隧桥等一批重大项目,突破众多关键技术,加强基础设施建设,这些重大工程震撼了世界,让世界见识到了中国基建实力。

⑤交通与相关产业相互融合、共同发展

随着互联网的发展,足不出户的购物模式更多的依赖交通运输,江海、铁水等多式联运积极推进,城际速递、同城物流等多样化、专业化物流模式快速发展。作为全球重要的先进制造业和现代服务业中心的长三角区域,交通运输业与流通业、制造业和旅游业等产业相互融合、共同发展。这样的发展模式不仅促进了长三角区域经济的发展,而且有利于提高市场的资源配置效率。

⑥一体化协同机制逐步完善

随着长三角区域高质量发展的逐步推进,区域内各级政府之间不再局限于本地区的发展,而是从区域协调发展的角度出发,齐心协力为长三角区域交通运输体系的发展贡献力量。行业合作、区域内合作等模式逐步促进长三角区域的经济发展,提高发展的速度。新业态新模式蓬勃发展,信息资源区域间共享共用稳步推进,交通与旅游深度融合,枢纽综合开发持续探索推进,枢纽经济发展效能初步显现。

⑦一体化发展水平仍待提升

长三角区域较之东京和纽约等区域而言,交通一体化程度仍然需要改善。目前看来,长三角区域省与省之间的部分道路尚未打通,交通一体化仍有改善的空间。此外，上海虹桥和浦东机场的承载能力趋近于饱和，巨大的载客量不能只依托少数的机场，需要更多的机场分流。

（2）珠三角交通基础设施配置的现状

目前，珠三角经济区形成了以广州、深圳、珠海、佛山、中山、惠州、江门、东莞和肇庆市等城市为主体，与港澳合作密切，并辐射泛珠江三角洲区域的局面。正是因为珠江三角洲区域交通一体化进程的推进，才使其能够成为亚太地区最高效、最安全、最开放、最便捷的物流和客流中心。改革开放后，珠三角区域的交通设施建设取得了令人瞩目的成就，交通一体化程度不断深入。综合交通运输体系逐渐完善，区域交通一体化程度逐渐增强，不同层次的一体化协调机制正在形成。

①综合性交通网络基本形成

首先，珠三角区域城际轨道交通网络基本实现全面覆盖，以广州为中心，基本覆盖区域内主要县市并同时注意同港澳地区的衔接，形成了以综合性交通枢纽为节点，城际轨道交通"三环八射"的架构。其次，珠三角区域着手建设与城际轨道交通无缝衔接的公交网络，通过跨区域公路建设，实现公交一体化。最后，珠三角区域公交一体化和城乡规划布局、土地综合利用等环节结合，推动了区域内城市间的融合。

②高速公路网逐渐完善

珠三角区域的高速公路网以广州和香港为中心，并呈扇形向沿海和内陆地区辐射，经过这些年的不断发展完善，逐步形成了"纵横交错，放射与环路相结合"的高速公路格局。目前看来，珠三角区域下属的很多县市都基本实现了高速公路全覆盖，这样极大地提高了经济单元之间的交流，优化了资源配置效率，促进当地经济的发展。随着国家公路运输枢纽的建立，如深圳福田综合换乘枢纽，运输状况得到了极大的改善。

③港口集群效应显著

目前看来，珠三角区域的港口通过能力已经进入国家先进行列。而且珠三角区域内已经建成众多的优良港口，包括广州港、深圳港、盐田港、珠海港等。其中，以华南地区最大的主枢纽港著称的广州港更是把聚集和辐射作用发挥得淋漓尽致。珠三角区域内各个港口作为整个区域与国内外市场资源交流的窗口，逐步实现了多元化的流通，并具备区域经济社会资源整合的集群优势。

④建成诸多国际大型机场，航运优势显著

在航空建设方面，建成了比较完善的巷道交通网络，形成了"三纵三横三线"的航道网。各大机场布局和功能相结合，既有主要承担客运任务的航空运输体系，又有承担货物运输任务的航运延伸服务，机场配套设施和服务功能也基本达到完善。

⑤运输逐渐一体化

珠三角区域内各种交通方式互相衔接，使区域内运输水平有了极大程度的提高。同时，各区域经济单元之间交流互通，实现了区域内和区域内与港澳地区的资源交流，提高了资源配置效率，促进了珠三角区域经济的发展。珠三角区域凭借自身优势，成为我国外向度最高的经济区域和对外开放的重要窗口。随着交通运输一体化程度的完善，珠三角区域同时成为全国旅客和货物运输需求最为旺盛和密集的区域之一。

⑥一体化程度仍需完善

珠三角区域的交通没有形成统一规划、统筹建设和统一管理的协调发展局面，仍然更多的是孤立发展，违背了当初提出珠三角交通一体化发展计划的初衷，所以导致区域内存在干线运输网络不完善，运输服务不全面以及政府管理不到位等问题。另外，区域内各城市间公路存在大量的重复建设，造成资源浪费，而且部分地区路段供需失衡，存在交通拥堵现象。所以实现珠三角区域内交通一体化是一个漫长的过程。

### 6.1.2　交通基础设施配置中的地方政府间协调

（1）规划衔接

区域一体化发展过程中，交通设施的重复建设和衔接是一个非常棘手的问题。如果不着手解决这个问题，长此以往，资源配置效率会大大的下降。为了解决这一问题，最重要的一环是打破行政壁垒，进行全局性的统筹规划。

长三角经济区出台了《长江三角洲区域一体化发展规划纲要》《长江三角洲区域发展规划》《长三角综合交通发展大会倡议书》《长三角地区打通省际断头路合作框架协议》等一系列的文件对交通一体化过程进行规划协调，为长三角区域交通基础设施建设提供明确的方向。

长三角区域交通基础设施建设的规划衔接具有借鉴意义。首先，对区域内机场进行优化布置，把客运量进行分散，从原先集中在上海虹桥和浦东机场的客运量部分分流到萧山机场等容量利用不充足的机场。其次，对区域内港群进行合作分工，由于行政分割，各个港口处于各自为政的松散状态，通过港口之间的分工合作，使长三角港口群形成规模效应，消除同质竞争所导致的损耗。最后，对城际轨道交通和高速公路网络的建设进行规划，减少区域内各城市的竞争，畅通交通设施边界的对接，解决城际轨道交通的建设与现有铁路缺乏衔接的问题。

在珠三角区域交通一体化发展中，广东省陆续出台了《珠江三角洲地区城际轨道交通同城化规划》《珠江三角洲沿海港口建设规划》《广东省高速公路网规划》《珠江三角洲地区交通基础设施一体化规划》等规范性文件，① 对城际轨道、港口、高速公路等的建设进行了全方面的统筹规划，指导交通设施的布局，对交通基础设施的规划衔接起到了提纲挈领的作用。

（2）运营管理协调

长三角交通基础设施运营管理机制不断完善，"三省一市"致力于提高自身运营管理水平。在交通基础设施的投融资方面，长三角区域正在由单一政府主导投资向市场多元投资转型，通过基金、债券、中长期票据等多种方式筹措交通基础设施建设资金，打造多元化投融资平台；在交通基础设施的跨区域合作开发方面，小洋山港区综合开发项目中，浙江以现金和土地作价后投资，通过股权合作方式实现利益共享；在交通基础设施的智能化管理方面，浙江运用数据中心和公共服务、综合监督、运政业三个平台对营运车辆进行动态监测，提升了运营管理水平。

珠三角区域城际轨道运营管理采用纵向的一体化委托管理模式。广东珠三角城际轨道交通有限责任公司由广东省政府和铁道部各出资50%联合建立，负责珠三角区域城际轨道交通线的未来运营和建设。而广佛线的运营管理则是采用由佛山市铁路投资建设集团有限公司对项目投资、建设、未来运营和管理的纵向一体化管理模式。铁道部和当地政府共同管理的模式减小了管理的难度，而且通过成立专门机构运营，增加了管理的专业化程度，具有十分重要的借鉴意义。

（3）利益协调

在区域协同发展过程中，各政府都致力于谋求自己城市利益最大化，都想让更多的资金、人才和技术流入本地区，所以如何进行利益协调成为至关重要的一环。

长三角区域经济普遍比较发达，但是区域内部在经济发展上的地区差异十分明显，各城市人均收入水平不等甚至个别城市差别很大，区域整体利益和地方利益的矛盾逐渐加剧。两者之间的矛盾一方面靠市场调节，另一方面需要政府介入调节。上级政府在税收、财政、政策等方面给予激励和引导，让资本流

---

① 宁述峰. 珠三角、长三角经济区合作发展比较研究与经验启示——以交通一体化建设和发展为例[A]. 张俊. 东方行政论坛（第一辑）[C]. 济南：山东人民出版社，2011.

向经济相对落后的地区，使区域内经济协作、协调发展。目前，长三角区域的利益协调主体已由早期的"自上而下"中央政府驱动逐步走向"自下而上"的地方政府和市场联合驱动。

珠三角区域合作中的冲突需要依靠政府进行协调，不仅要打破区域壁垒，还要统一市场规则，以确保区域内信息流、人流和物流的畅通。首先，弱化体制障碍，在区域内形成共同大市场，实现资源在区域内自由流动。其次，建立利益补偿机制，因为资源会自动流向经济强势地区，所以对那些为了促进区域经济发展而使自己利益受损的城市给予一定的补偿，以实现区域内利益共享。最后，通过税收政策来调整资源流向，税收政策主要包括地方税收政策的调整和对欠发达地区实行适度的税收优惠两种方式。调整地方税收政策可以实现地区间的差异定位和产业功能互补；对欠发达地区实行适度的税收优惠可以提高欠发达地区的投资收益率，减少资源外流。

## 6.2 国外典型区域的经验与借鉴

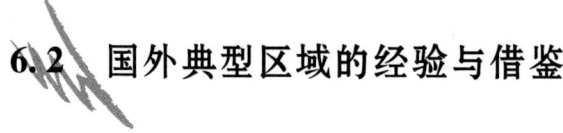

### 6.2.1 交通基础设施配置的现状

本章主要总结三个具有代表性区域的交通基础设施配置状况：以纽约为中心的区域、以东京为中心的区域和以伦敦为中心的区域。因为各国的国情不同，城市发展环境也各不相同，所以各个区域逐步形成了各不相同的交通发展模式。以纽约为中心的区域在中心区大力发展公共交通模式，但繁华区以外则以私人小汽车为主要交通方式，而伦敦则把公共交通和私人小汽车两种模式放在同等地位，此外，东京以公共交通为主，形成了轨道交通垄断式发展模式。

（1）以纽约为中心的区域

从1929年开始，纽约的区域规划协会（Regional Planning Association，简称RPA）对以纽约为中心的区域进行了四次规划，这四次规划都把交通放在城市发展最重要位置上。第一次规划提议通过公共交通和高速公路提高中心区以外地区的可达性，提高交通便利程度，规划提出的重要交通设施主要包括皇后区至曼哈顿中城隧道、华盛顿桥和三个区域机场等的建造已在20世纪中期完成。

第二次规划提出区域次中心和老城区必须健全公共交通设施，如可靠的通勤铁路、地铁和公共汽车网络等，改变当前区域次中心居民仅能依靠汽车进行通勤的状况。第二次规划极大地增加了联邦政府对交通基础设施的投资，而且协助建立了纽约大都会运输署，实现了公共交通收费的统一管理。第三次规划进一步强调地区发展离不开公共交通，提出了机场与地铁站连接、修建新的地铁和铁路等项目。第四次规划建议改革纽约港务局和纽约大都会运输署，并提出进一步完善地铁系统，同时对铁路网进行扩建整合。

现如今，纽约区域的交通系统主要有公路系统和铁路系统。前者主要包括高速公路、骨干公路和汽车专用路；后者主要包括地铁、城际铁路和通勤铁路等。区域内的主要交通方式有公共汽车、私人汽车、地铁和铁路等。

纽约区域的铁路和地铁在公共交通体系中的占比约为51.57%，是社会公众出行的主要交通方式。纽约地铁是世界发展史上最悠久的地下轨道交通之一，据统计，纽约区域的地铁共设立了468个站点，目前投入使用的轨道长度约为1056公里。① 纽约区域的铁路主要有长岛铁路、新泽西铁路和大都会北方铁路。长岛铁路主要为本地居民提供铁路运输服务，是北美地区最繁忙、最古老的市域铁路之一。新泽西铁路连接曼哈顿区、霍博肯市及泽西市。大都会北方铁路主要为康涅狄格州与纽约上州的居民提供通勤服务，是美国第二大市域铁路。这三条铁路在纽约区域的交通运输及居民通勤等方面发挥着重要作用。

纽约区域的公交汽车在公共交通系统中也占据了一席之地，其占比约为35.83%。② 纽约区域的公共汽车网络涵盖了区域内的大部分地区，与地铁连接密切、换乘方便，是纽约公共交通的重要一环。纽约区域十分重视公共交通的发展，将其置于优先地位。市区公共汽车的管理由区域交通运输局负责。此外，交通管理部门征收过路费、过桥费和燃油税等各种税费，大力倡导公共交通出行，减少私家车的使用。

纽约区域较早开发的交通方式是轮渡。由于建造桥梁技术不成熟加之海岸线曲折等因素，轮渡便成了当时纽约最重要的交通工具之一。随着纽约人口的不断增加，交通基础设施不足的问题开始显现，便开始大量建造桥梁和隧道等，轮渡在公共交通中的使用比例逐渐降低。2009年，轮渡的使用量仅为整个公共交通使用量的0.98%。③ 但目前仍有两条航线在使用，即新泽西州荷伯根与曼哈

---

① 数据来源：Demetra V C, Joy S, Lee G. The 2001 National Household Travel Survey: A Look into the Travel Patterns of Older Americans [J]. Journal of Safety Research, 2003, 34 (4).
② 数据来源：张晓兰. 东京和纽约都市圈经济发展的比较研究 [D]. 吉林大学, 2013.
③ 数据来源：张晓兰. 东京和纽约都市圈经济发展的比较研究 [D]. 吉林大学, 2013.

顿间的航线以及斯泰滕岛与纽约曼哈顿岛间的航线。

与以上几种交通方式相比，航空运输的占比很少。纽约区域有拉瓜迪亚机场、肯尼迪国际机场和纽华克自由国际机场。这三座机场平均每年的客运量达到1亿人次，运输效率较高。另外，纽约区域还有直升机、出租车等交通工具，对其他交通基础设施发挥了辅助作用，但从整个交通系统来看，占比依然很小。

（2）以东京为中心的区域

日本东京区域采取的主要是以核心城市为主导的协调模式，且日本政府一直秉持"公共交通优先"的原则，对于综合交通体系的建设给予了高度关注。日本政府早在1963年就提出了构建区域"三环九射"的高速道路网结构，但建设进程缓慢。与此相对应的是，东京的轨道交通非常发达，东京是世界上典型的以轨道交通为主导的大都市。从1925年至2000年，东京区域共进行了9次轨道交通规划，并通过了政府颁布的新线、复线建设项目制度和通勤五方向作战计划，以及允许政府与企业共同投资修建东京区部地铁等多项措施，使东京轨道交通迅速发展，极大地推动了区域内城市之间的共同发展。目前，东京借助申办2020年奥运会这一契机，进一步发展完善中心地区的交通基础设施建设，解决交通拥堵等问题并满足货运需求，全面提升交通服务水平。

东京区域的铁路交通以山手环线为中心，向郊区放射出近20条通勤电车。这种格局早在20世纪30年代便已形成。如今，东京区域的轨道交通体系由JR铁路（原日本国铁）、地铁、私铁和其他铁路构成，总体规模较大，达到了3500公里。[①] 东京区域的轨道系统按照运行速度和站间距离可以分为5个功能层次：南北主要城市间和东京的中长距离高速城际运输由新干线承担；区域内核心城市与次级城市间的快速运输主要由快速列车和城际列车承担；普通列车在中心区和居住区之间运行且每站皆停；地铁列车主要在中心区运营；有轨电车主要在部分地区运行。轨道交通提高了市民出行的舒适度，进一步满足了市民的出行需求，促进了东京区域的一体化发展，带动了周边地区如北部的埼玉县、南部的神奈川县、东北方向的茨城县和东部的千叶县的工业化和城市化，成为了推动区域经济发展和社会进步的重要力量。据数据统计显示，东京特别区铁道使用率高达48%（徒步23%、自行车14%、汽车12%、公交3%），通勤铁路和地铁成为东京核心区带动周边地区协同发展的主要线路。[②]

---

[①] 数据来源：金世斌. 国外城市群一体化发展的实践成效与经验启示［J］. 上海城市管理，2017（2）.

[②] 数据来源：张玉棉，尹凤宝，边楚雯. 京津冀城市分工与布局协同发展研究——基于日本首都圈的经验［J］. 日本问题研究，2015（01）.

（3）以伦敦为中心的区域

伦敦市与伦敦市周围的 32 个自治市由伦敦设立的大伦敦市政府（Great London Authority）进行跨界管辖。利文斯通在当选市长后开始致力于完善交通系统，为了提高伦敦区域交通系统的运行效率与服务能力，2001 年颁布了第一轮"市长交通战略"（Mayor's Transport Strategy），开始对私家车进行管理，控制交通需求，发展公共交通，促进不同交通方式的结合，并出台了不同的政策。随着伦敦区域城市居民的不断增加以及环境保护意识的增强，2005 年伦敦提出了"2025 长远交通规划"（Transport 2025：Transport Vision for a Growing World City），该规划旨在推动经济发展、完善公共交通服务，措施包括大力建设交通基础设施，完善政府管理，提倡居民绿色出行等，该规划推动了地上和地下公共交通的发展与建设，提高了公共交通的运输效率。同时，伦敦开始逐渐推行绿色交通，发展自行车交通和步行，于 2006 年前后形成了自行车交通和步行发展潮流。该规划实施 5 年后，随着社会发展和居民生活水平的提高，人们对公共交通的安全性、公平性、便利性和环保性等提出了更高的要求。伦敦在 2011 年提出了新的"市长交通战略"，该战略目标是完善公共交通服务、提高居民生活质量、加大环境保护力度以及保障 2012 年奥运会等，措施主要包括全面建设交通基础设施、节能减排、鼓励居民绿色出行、减少交通事故等。由此伦敦城市交通发展进入了功能优化提升阶段。

目前，伦敦区域内交通采取了轨道交通和高速公路并重的交通发展模式，拥有发达的航空港，同时以水运交通为辅，形成密集的区域交通网络体系。伦敦区域内发达的交通网络保障了其区域内部的协调发展。2015 年，伦敦区域公共交通的出行分担率已经达到 37%，在 20 年间增加 12 个百分点；个体机动化方式分担率为 36.2%，在 20 年间下降了 13 个百分点。值得一提的是，跨区域出行中公共交通占比已达到 50%—85%。[①] 伦敦区域的公共交通系统主要由铁路（包括地上铁）、轻轨、地铁、地面公交和有轨电车等构成。各种公共交通方式有各自的重点服务区域：铁路主要为郊区新市镇和新城提供服务；地面公交和地铁服务范围较广，囊括了整个大伦敦地区；轻轨的主要服务范围是伦敦东部港区；而有轨电车主要服务于伦敦南部克罗伊登和默顿。

在轨道交通方面，伦敦几乎拥有全世界最畅通的地下铁路网，各线路互相交织在一起，并且可以和火车接驳，十分便利。伦敦拥有地铁线路 11 条，线网总规模 402 公里，设站 270 座，2015 年日均客流量约 370 万人次。大伦敦区域

---

① 数据来源：王强. 大伦敦地区公共交通系统剖析［J］. 价值工程，2017（29）.

的铁路包括国际铁路、市际铁路、市郊铁路和地上铁四类。国际铁路的服务可以到达欧洲的布鲁塞尔、巴黎、马赛和里昂；威尔士、英格兰和苏格兰其他城市的联系主要由市际服务提供；市郊通勤铁路的辐射则更广，为大都市区提供服务。大伦敦区域铁路的日均客运量达 330 万人次，其中，地上铁系统贡献了近 50 万人次。市郊通勤铁路呈放射状布局，终端车站多设置在市中心边缘。自 2007 年起，作为国铁一部分的伦敦地上铁获得伦敦交通局的特许经营，主要服务于大伦敦和赫特福德郡，共运营 9 条线路，设站 112 座，线路全长 167 公里，日均客流达 50 万人次。①

在高速公路方面，伦敦拥有 9 条放射状高速公路并且通过一条环形高速公路衔接起来。在航空运输方面，伦敦拥有欧洲客运量最大的机场——希思罗机场，空运高峰期间，每分钟约有一架飞机起降。在水运方面，伦敦港作为英国最大的港口，同时也是世界著名港口，与多个国家的港口建立起联系。

### 6.2.2 交通基础设施配置中的地方政府间协调

（1）规划衔接

为了保证整个区域的协调发展，需要有明确的战略规划进行引导，这不仅可以促进地区间的产业合作，还可以促进基础设施建设的一体化。随着城市进入区域快速发展后，对公共交通发展规划的需求随之产生。在发展之初，世界几大代表性区域均仅有城市发展规划，并未对交通发展制定专门的战略规划，而当城市进入区域快速发展阶段后，世界几大代表性区域都制定了单独的交通发展规划（或在城市总体发展规划中有专项研究），以此保证城市有序发展。

以纽约区域为例，它的规划主要由纽约区域规划协会负责。1929 年，区域规划协会颁布了第一次区域规划，即纽约及其周边地区规划。这也是全球首个有关中心区的长远规划，具有重要意义。历经 90 多年的发展，区域规划协会对纽约区域的发展产生了深远影响。区域规划协会是一种非政府组织，不依靠政府权威，能够积极汲取公众意见，兼顾各方利益，通过广泛的调查进行统计分析，保证了规划的可靠性和科学性。区域规划协会成立了相应的专家委员会和执行委员会来制定纽约区域的四次规划，委员会不仅包括领域专家也包括居民、社会精英、社区领袖等各个阶层，他们为纽约区域规划协会的规划提出了宝贵建议。纽约区域规划协会同时与政府、市民、商业和社区组织广泛开展合作，

---

① 数据来源：王强. 大伦敦地区公共交通系统剖析［J］. 价值工程，2017（29）.

举行工作会、交流会、听证会等讨论区域发展战略。这种设立特别的区域协调组织考虑到公众的切实需要，深入人心，得到了广泛认可和普及，但由于区域规划协会为非政府组织，缺乏权威性，因此，导致很多跨地区项目运行困难，各地区协调效率低下，造成资源浪费并且制约了交通一体化发展。

对于东京区域来说，首都圈第一次规划的主体是首都建设委员会，该委员会于1950年成立，是一个独立性议事机构，实行合议制；首都圈第二次规划的主体是首都圈整备委员会（改组后），该委员会于1956年成立，是中央直属办事机构，委员长由建设大臣兼任，总理府直属。两次规划主体的转变有利于协调跨区域的建设。从第三次规划起，大区域整备局作为规划主体，该局是国土厅下属的，是新成立的中央机构，强调首都圈的发展要符合整个国土开发的框架，规划主体与地方政府间的关系也变成了主从关系。规划主体从咨询委员会到行政委员会再到中央行政机构的变化，上移规划决策权提高了区域规划的编制效率，保证了规划的实施效果，同时确保首都圈规划与全国规划步伐一致，有利于项目资金的获得以及政策倾斜。

伦敦区域的协调发展同样离不开合理的区域发展规划。"巴伦委员会"作为伦敦区域的专门规划机构，根据城市发展水平，因地制宜，有针对性地作出规划决策。到目前为止，伦敦区域共编制了两次区域规划，并成立了"伦敦规划咨询委员会"，该委员会专门负责伦敦区域的协调发展。此外，1999年大伦敦政府获得大伦敦政府法案批准而成立，指出市长应积极制定交通战略规划，以此改善环境、推动区域经济社会发展。大伦敦政府法案强调市长交通战略应具有实施性和政策性，能够促进区域内交通基础设施更加完善、覆盖面更广，交通服务更加全面，在保证客运的同时也要兼顾货运，在保证本地居民服务质量同时也要兼顾商旅游客，在保证政策全面的同时也要明确各级部门的职责，避免责任的互相推诿。

（2）运营管理协调

纽约区域的三个交通管理部门分别是纽约市、纽约州和新泽西州交通部门。纽约市交通部门作为世界最大交通部门之一主要管理当地的高速公路网络，而纽约州和新泽西州交通部门的职责是出台交通政策和创新交通系统技术、参与制定州内交通基础设施（包括铁路、公路、水路、航空、码头以及地铁等）计划的详细规定。由于纽约区域的交通管理机构规模大，分工明确，责任清晰，使得该区域的交通管理独一无二。纽约区域的交通委员会和北新泽西交通规划局都是由当地政府和交通机构组成的且由联邦政府授权的区域规划组织，前者主要管辖罗克兰、布朗克斯、温彻斯特、里士满及长岛等地；后者主要管辖新泽西城、纽瓦克及其他13个郡县,此部门主要负责监督交通发展方向,确保与交通规划吻合,同时执行区域规划。此外,交通部门的联运货运系统也是由这两个部门管辖。

在东京区域的发展历程中,随着核心城市集聚和辐射能力的增强及首都圈内生产性、生活性活动范围的扩大,许多问题开始显现出来,如环境污染、交通拥堵、公共服务不到位等,这些问题不仅对该区域产生不利影响,也影响了其他区域的发展。要解决这些区域性问题,不仅需要合理的统一规划,还需要高效的区域协调体制。从以往区域行政的经验来看,东京区域性协调机制主要以中央政府主导,借助全面的区域性规划体系和充足的资金以及从上而下的宏观调控,完成区域行政协作的目标。而以地方政府为主导的区域联合机构或组织的活动范围和数量受到相关法律的严格限制。这不仅是因为日本国家政体具有高度集权化的特征,还与规模较大的区域开发对所需的资金保障、效率提升、资源合理配置等要求密切相关,协调机制集中化不仅有利于资源的有效配置,而且可以有效地防止地方政府间的恶性竞争。尽管如此,在东京区域内的各地方自治体仍然探索出了适应中央集权主导的区域性协作机制,使得政策实施更加灵活、具有针对性。日本政府在1947年颁布的《地方自治法》中给予了各级地方政府相应的自治权,并表明各地方政府可以以区域联合组织、设立事务组织、事务委托、共同设置机构和设立协议会等形式建立区域协作机制以更好地处理区域性事务。目前,最常见的形式为体制外的跨区域协议会,其中包括以处理专业问题为目标的区域协议会、自发且由各地方自治体首脑组成的联席会议等。这些非正式、自下而上的区域协议会极大地弥补了中央政府主导的区域协调机制的不足。

### 6.2.3 经验借鉴

(1) 合理的交通模式是发展的前提

交通模式选择是交通发展的重要一环,城市发展离不开先进交通模式的支撑和指引。世界级城市都非常重视合理交通模式的形成,当前他们采取的交通模式主要有3类:以私人小汽车为主导模式;私人小汽车与公共交通并重模式和以公共交通为主导模式。从国外典型区域的发展可以看出,公共交通在世界级城市的交通结构中均占重要地位,这对于京津冀区域的发展具有借鉴意义。

(2) 轨道交通为主导是发展的关键

城市轨道交通、城际铁路和常规公交是世界典型城市区域公共交通系统的3

种主要方式。城市轨道交通是居民出行的主要方式,城际铁路主要负责连接城市中心区与郊区,而常规公交一般起补充接驳的作用。日本东京区域就是以轨道交通为主要交通方式的最好例子。从世界级城市区域的发展历程来看,轨道交通系统是居民出行以及连接区域城际的主要方式,这取决于轨道交通的集约化和大容量特点。京津冀区域在一体化进程中,应该科学制定轨道交通发展规划,借鉴世界典型区域的发展经验,构建层次分明的轨道交通体系来推动区域经济发展。

(3) 区域交通法规和规划机构保障交通一体化

世界典型区域交通规划和管理主要是通过交通管理机构进行。对发达国家的研究表明,交通管理机构形式多样,主要包括协调会、专业委员会或工作组。机构涵盖多个部门,具有综合性,由不同地区的政府官员和专家构成。机构的职责主要包括完善规划编制,监督项目实施并建立反馈机制,确保项目基金申请合理,协调解决各地区冲突,推动区域协调发展。美国、日本和英国典型区域的发展中往往伴随着众多法案的出台,以此确定区域交通规划机构的地位,并给予行政及经济支持,同时规定跨区域项目,如果想获得许可证,必须遵守区域交通规划原则或者纳入区域交通规划。

# 7.

# 京津冀区域交通基础设施投资的有效配置

# 7. 京津冀区域交通基础设施投资的有效配置

基于前文交通基础设施投资效率及其溢出效应的测算结果，如果要增加京津冀区域内交通基础设施的投资，最优投资地点选择依次是：河北、天津、北京，这不仅能保证投资效率最高，实现配置目标，还可以提高京津冀区域的整体效应，包括产出的增加、就业的提高和私人投资的拉动。随着时间推移，京津冀区域内交通基础设施投资最优地点选择的排序并没有发生改变。按照京津冀区域交通基础设施产出总效应最大化的配置标准，同时兼顾就业、私人投资等其他宏微观目标，本书从以下几方面提出交通基础设施有效配置方案：一是合理布局交通基础设施，缓解经济的聚集；二是加大河北地区的交通基础设施投资力度，提高资源配置效率；三是各级政府的协调配合，构建京津冀一体化运行机制；四是强化政府网络合作和区域多中心治理。

## 7.1 合理布局交通基础设施，缓解经济集聚

### 7.1.1 建设"多圈层网络化"的交通基础设施

京津冀区域传统的"中心放射状"（北京—天津为核心）的交通基础设施布局应转向"多圈层网络化"。现阶段京津冀区域交通基础设施在空间上表现为"中心—外围"结构，两者分布非常相似。由于中心地区具有较强的经济集聚能力，对外围资金、技术以及人才具有极强的吸引力，改变了要素的自由流动，虹吸效应严重；而经济落后地区资源外流严重，限制了其进一步发展。本书的实证研究部分已经证明了这一点。相比较于长三角、珠三角区域，京津冀区域城市间发展差距较大，空间分布不均衡，限制了该区域的协调发展。由于交通基础设施存在溢出效应，因此合理的设计可以让其发挥独一无二的作用。交通基础设施布局转向"多圈层网络化"不仅可以使溢出效应得到有效发挥，还可

以更加充分的利用这种效应,搭建更多的合作与交流平台,实现优势互补,缩小城际经济发展差距,促进区域之间的协调合作,增强区域竞争力。

### 7.1.2 降低公路的通行费用,加强高等级公路基础设施建设

公路基础设施的空间溢出效应呈带状展开,经济带以公路为轴线形成,促进整条公路沿线的发展,受益范围较广。由于京津冀区域城市之间相距较近,客运、货运离不开公路运输,公路运输不仅能够降低企业的交易成本,还能够促进资源流动,发挥市场在资源配置中的作用,增进帕累托效率。如果通行成本过高,不仅会增加企业的交易费用和运输成本,还不利于生产效率的提高、市场规模的扩大和区域经济发展。那么,降低公路通行费用便于地区间资源流动,促进劳动分工的专业化与深化,实现资源的优化配置。高等级公路有利于减少制造业企业库存、节约库存资金占用,促进区域经济发展。而现如今京津冀区域高等级公路覆盖率低且公路通行费用较高,公路规模效应受到限制,阻碍区域协调发展。因此,提高总公路营运里程中高等级公路的占比和降低通行费用有利用于发挥公路基础设施的作用,使公路溢出效应辐射范围最大,缩小城际发展差距,推动京津冀区域一体化发展。

### 7.1.3 促进城际高铁建设

高铁的出现,不仅缩短了城市之间的时间距离,还使居民出行更加舒适,进一步满足了社会公众的出行需求,推动了一大批高铁新城的发展。京津城际高铁的开通不仅加强了地区间人员的交流,还提高了城市的可达性。国内其他线路高速铁路的建设辐射范围同样较广,产生了众多的经济带,实现了资源优化配置,表现出明显的空间溢出效应。发达国家的发展经验表明,高铁设施促进了经济增长,特别是在区域经济发展中作出了重要贡献。另外,高速铁路对环境污染较少,符合绿色发展的理念,是环境友好型的基础设施。随着中国经济改革的不断推进以及可持续发展理念的普及,高速铁路的发展是大势所趋。因此,京津冀区域应大力推进城际高铁建设,促进地区间人员流动,提高各城市的可达性,降低交易成本,从而促进区域的协调发展。

## 7.2 加大河北地区的交通基础设施投资，提高资源配置效率

### 7.2.1 加大河北落后地区的交通基础设施投资力度

邯郸、张家口、承德、衡水等经济相对落后的地区交通里程较低，远低于区域平均水平，市区与县城的交通基础设施互通互联差，区域可达性低。完善的交通基础设施体系是实现经济发展的重要前提，因此，要加快欠发达地区的交通基础设施建设，尤其是偏远落后的县市以及农村与城市间的公路建设，保证这些地区产业以及区际贸易发展。

### 7.2.2 推进以石家庄为中心的区域交通枢纽建设

京津冀区域形成了以北京为核心的交通网络结构，呈单中心放射状。河北在北京和天津交通系统的影响下，缺乏综合性的港口，承载力较高的区域性铁路枢纽和以石家庄为中心的区域性航空运输系统。因此，河北地区应加大区域性交通枢纽的投资力度，完善交通体系，特别是要加大石家庄的陆路建设、城际交通线以及集疏运线路建设。构建核心城市与石家庄为中心南部区域的交通大通道，提高北部中心城市对南部区域的带动作用。

### 7.2.3 加强京津冀区域北部地区城际交通基础设施建设

京津冀区域北部地区的次级城市与京津中心城市之间的连通不够便捷，因此要继续推进北部地区城际交通基础设施建设，提高城市的可达性。虽然实证分析发现现阶段京津冀区域的北京、天津仍处在以集聚为主导阶段，但结合赫希曼"极化—涓滴效应"的理论，从长远来看京津冀区域的经济发展终将转向以辐射扩散为主。因此，打破太行山、燕山和军都山等阻断城际交流的屏障，进一步加强京津唐与周边地区的交通联系。加快建设京秦—京张通道、秦承张通道等，发挥

京津核心城市的带动作用。随着产业升级和非首都功能的疏散，核心城市与次级城市城际交通的完善不仅有利于产业转移、产业结构优化，而且有利于各城市间协同发展，制定差异化的产业发展政策，降低城市竞争。要充分利用京津两地高技术、高创新的优势，发挥好知识的溢出作用，提升京津冀区域的发展质量。

## 7.3 构建京津冀一体化运行机制，协调交通基础设施的空间布局

京津冀区域交通基础设施的一体化建设离不开各地区、各部门的相互合作。构建京津冀一体化运行机制，保证交通基础设施空间溢出效应的充分发挥，实现交通基础设施空间布局的合理、高效，促进区域经济的协调发展。

### 7.3.1 出台"京津冀区域交通法规"

"京津冀区域交通法规"的出台为京津冀区域交通建设提供法律依据，推动京津冀交通运输治理能力和治理体系现代化。以法规的形式对京津冀区域交通规划制定机构、交通规划的程序和组织安排提出要求。对于跨区域项目规划，法规应明确交通基础设施建设资金的分配原则、流程和去向以及不同层级政府在交通规划体系中的分工，同时辅之以相应的反馈与监督机制。

### 7.3.2 成立京津冀区域"交通一体化委员会"

为了进一步推动京津冀区域协调发展，京津冀三地应成立专门的京津冀区域交通一体化委员会，由三省市管理部门的成员构成，共同审核推进跨省市的重大基础设施项目，确保项目推动进程的一致性；统筹协调京津冀交通基础设施建设的规划安排、建设进度、建设时机，鼓励各地区协调合作，保证资源有效配置，防止效率低下。搭建跨区域交通项目沟通平台，从各个层面确保规划可以顺利实施，这样可以汲取各方意见，提高交通基础设施投资效率，有效阻止过度集中的交通结构出现。

### 7.3.3 设立京津冀交通发展基金

京津冀区域交通一体化建设需要投入巨额资金，这些资金投入往往周期较长。可在国家层面成立京津冀交通发展基金，其将受"交通一体化委员会"的领导，按照京津冀交通协同发展规划，对重点项目给予资金支持。国家可鼓励主要金融机构参与京津冀交通发展基金建设，并对基金运行实施监督，也可以成立京津冀开发银行负责管理和社会募资。京津冀交通发展基金可通过政府资金进行引导，吸收社会资本参与，以此逐步扩大基金规模，提高对重点领域重点项目的支持力度。由于京津冀区域北京是最大的受益地区、天津次之，在政府投入资金方面可以考虑按照受益大小进行分配。

## 7.4 强化政府网络合作和区域多中心治理

特定地方政府的职能范围并不属于区域治理的范畴，区域治理是多个地方联合形成的治理层次，各地方政府间既有合作也存在竞争，它对区域内的一些资源进行整合，减少了由于资源高度分割化而造成的重复建设，避免了资源浪费，提高了资源的利用率。只进行行政性整合或类市场化的竞争并不能从根本上解决区域治理的问题，只有区域内多元利益主体深化合作与交流才能促进区域经济发展。区域性公共问题正是由于区域内众多主体参与合作才得到妥善解决。

在纵向治理结构中，中央政府应把控发展方向，注重政策引导，完善激励地方政府的方式和结构；通过制度设计明确地方政府的职能及权限，并通过转移支付制度来缩小地区间收入分配差距；创新行政、经济制度明确不同城市的职责定位，促进地区间协同治理。在京津冀区域交通一体化发展过程中，中央政府可以采取异地交流、多头任命，加强离职审计等方式，引导地方政府官员注重区域内交通一体化建设，促进交通基础设施在北京、天津和河北三省市间实现均衡配置。在横向治理结构中，通过对市场规则的共识，运用行政力量解决京津冀三省市间的行政阻碍，实现区域内资源的自由流动，避免资源浪费，提高资源利用率，形成一个统一的区域经济共同体。这一共同体是建立在利益共享基础上,与传统的地区合作与发展存在着根本区别。随着市场经济的深入发展,区域内京津冀政府进行合作是利益驱动的战略选择,是基于三地的共同利益,三省市的地方政府应该意识到只有相互合作才能增加利益、共享利益。

纵观典型发达国家的发展史,民间组织逐渐成为解决社会公共问题的重要力量。民间组织在区域发展中的作用应该引起地方政府的重视并积极扫除民间组织发展的障碍,努力营造良好的制度环境。迈克尔·波特在《国家竞争优势》中指出,在实现公共服务有效供给的过程中,需要区域政府和其他非政府组织以及私营部门合力,实现公共服务供给主体的多元化。[①] 相较于西方发达国家多元化的供给主体,我国交通基础设施的供给主体仍然是政府,但交通基础设施供给的市场化和社会化是大势所趋,要重视非营利组织、企业等的作用以实现供给主体多元化,从而更好地完善交通基础设施配置。利用民间力量推动区域合作交流,不仅有利于降低成本、节约资源,而且民间组织不受政府权威的束缚,不受地区利益的影响。因此,民间力量在区域交通一体化发展中的作用不可忽视。在京津冀区域交通一体化发展中,可以建立由各地交通专家、经济专家构成的民间组织,为区域交通发展战略的制定以及地区协作的推进提供咨询服务。

---

① 迈克尔·波特. 国家竞争优势 [M]. 北京:中信出版社,2007.

# 附录1

# 典型区域交通发展比较

表1　京津冀区域与国内典型区域交通基础设施发展情况比较

| 指标 | 单位 | 京津冀区域 | 长三角区域 | 珠三角区域 | 全国 |
|---|---|---|---|---|---|
| 一、铁路行业里程 | 公里 | 10343 | 11750 | 4720 | 139926 |
| 铁路网密度 | 公里/百平方公里 | 4.7 | 3.3 | 2.6 | 1.5 |
| 二、公路里程 | 万公里 | 23.5 | 51.3 | 22.0 | 501.2 |
| 公路网密度 | 公里/百平方公里 | 108.0 | 143.3 | 122.6 | 52.2 |
| 三、高速公路里程 | 公里 | 9939 | 15230 | 9495 | 149571 |
| 高速公路网密度 | 公里/百平方公里 | 4.6 | 4.3 | 5.3 | 1.6 |
| 四、民航机场个数 | 个 | 9 | 24 | 9 | 238 |
| 民航机场密度 | 个/十万平方公里 | 4.1 | 6.7 | 5.0 | 2.5 |
| 五、港口吞吐能力 | 亿吨 | 17.3 | 61.7 | 20.9 | 148.1 |

数据来源：《中国统计年鉴2020》；2020年中国交通运输部对沿海港口吞吐货物、集装箱统计。

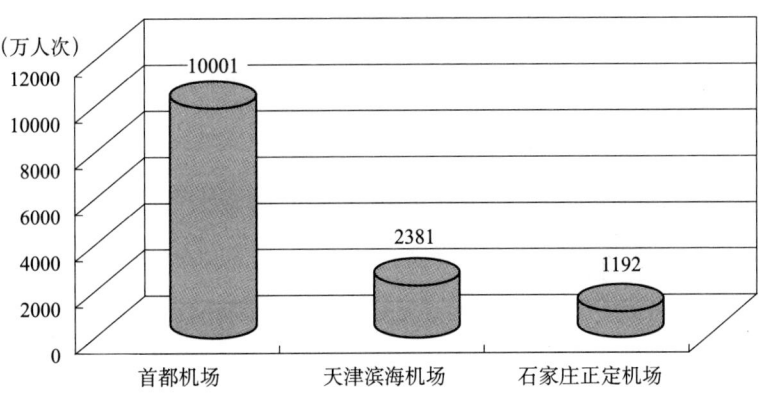

图1　京津冀区域三大机场吞吐量比较

数据来源：2019年民航机场生产统计公报。

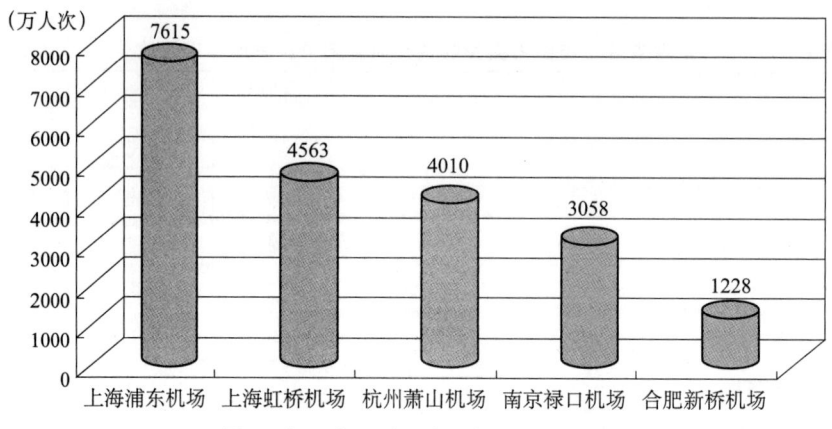

图 2　长三角区域五大机场吞吐量比较

数据来源：2019 年民航机场生产统计公报。

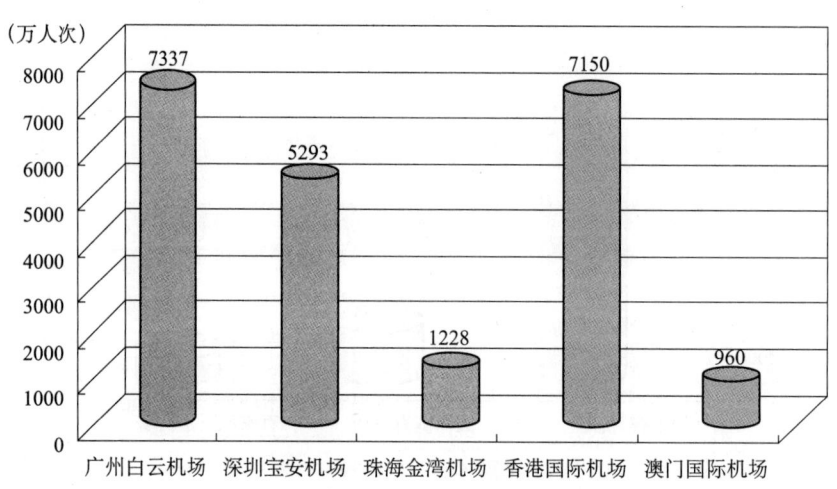

图 3　珠三角区域五大机场吞吐量比较

数据来源：2019 年民航机场生产统计公报。

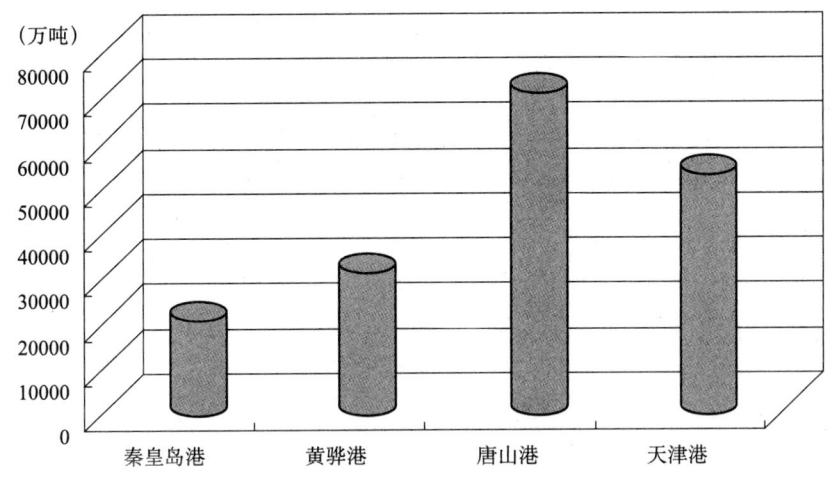

图 4　京津冀区域四大港口吞吐量比较

数据来源：中国交通运输部对沿海港口吞吐货物、集装箱统计 2020。

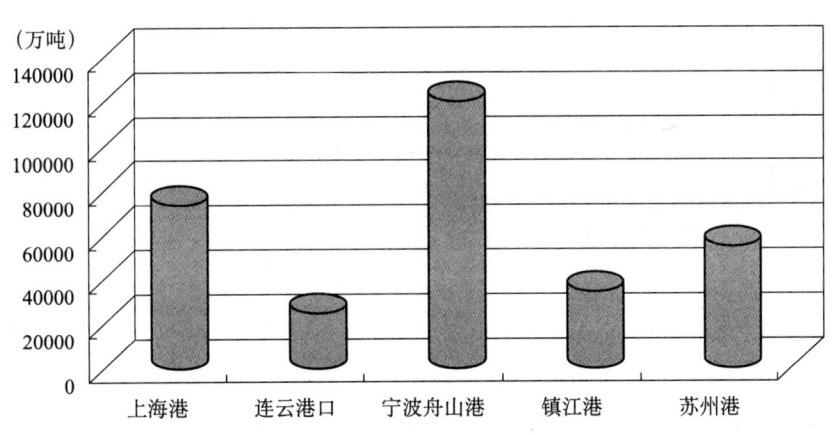

图 5　长三角区域五大港口吞吐量比较

数据来源：中国交通运输部对沿海港口吞吐货物、集装箱统计 2020。

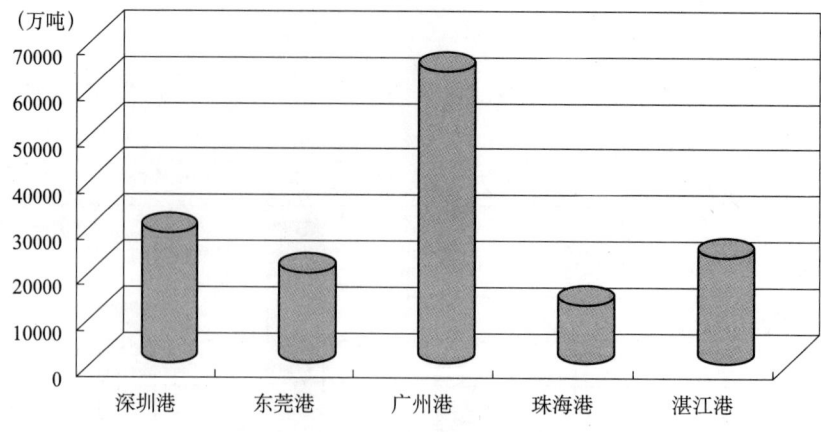

图 6　珠三角区域五大港口吞吐量比较

数据来源：中国交通运输部对沿海港口吞吐货物、集装箱统计 2020。

表 2　京津冀区域与国外典型区域的市郊铁路和地铁里程

| 典型区域名称 | 以纽约为中心的区域 | 以东京为中心的区域 | 以伦敦为中心的区域 | 京津冀区域 |
| --- | --- | --- | --- | --- |
| 面积（万平方公里） | 13.8 | 1.34 | 4.5 | 21.8 |
| 市郊铁路里程（公里） | 3155 | 2013 | 3650 | 1100（待完成） |
| 地铁里程（公里） | 369 | 312 | 402 | 978.6 |

数据来源：闫庆民，张晓朴．京津冀区域协同发展研究［M］．北京：中国金融出版社，2017．腾讯网．京津冀地铁三城：北京、天津、石家庄大对比［EB/OL］．https：//new.qq.com/omn/20200812/20200812A0JQGO00.html．搜狐网．京津冀2020年前实施9条城际铁路［EB/OL］．https：//sjz.focus.cn/zixun/593b5f26acb5b0c4.html．

表 3　京津冀区域与国外典型区域的主要交通方式

| 轨道交通类型 \ 主要服务范围 | 以纽约为中心的区域 | 以东京为中心的区域 | 以伦敦为中心的区域 | 京津冀区域 |
| --- | --- | --- | --- | --- |
| 地铁 | 纽约市中区 | 中心区（15公里） | 伦敦市中区（6公里） | 北京中心区域（1小时交通圈） |
| 公共汽车 | 纽约中心区域（五大行政区） | 城市内部、县际、县内 | 市中区与近郊 | 核心区（1小时交通圈）和相邻城市（1.5小时交通圈） |
| 市域快轨（RER） | 市中区与副中心区 | 近/远郊区（30—70公里） | 郊区 | 中心城区与周边地区 |
| 市郊铁路 | 外围区与邻近地区 | | 主要集中在泰晤士河南岸地铁较少的地区 | 北京副中心区域 |

续表

| 轨道交通类型 \ 主要服务范围 | 以纽约为中心的区域 | 以东京为中心的区域 | 以伦敦为中心的区域 | 京津冀区域 |
|---|---|---|---|---|
| 高速铁路（新干线） | 周边城市 | 70公里以外 | 周边城市 | 区域内其他城市 |

注：此表是笔者根据相关资料整理而得。

资料来源：闫庆民，张晓朴．京津冀区域协同发展研究［M］．北京：中国金融出版社，2017．唐黎标．伦敦、纽约、巴黎、东京的城市轨道交通［J］．城市公共交通，2017（3）．南敬林．京津冀区域轨道交通功能层次分析［J］．铁路工程造价管理，2016（2）．张赛，任利剑．纽约都会区轨道交通发展及经验借鉴［A］．中国城市规划学会城市交通规划学术委员会．创新驱动与智慧发展——2018年中国城市交通规划年会论文集［M］．北京：中国建筑工业出版社，2018．张晓兰．东京和纽约都市圈经济发展的比较研究［D］．吉林大学，2013．史俊玲，李凤玲，肖增斌等．论国外大都市区域轨道交通发展总体特点［J］．现代城市轨道交通，2008（3）．李攀科．京津冀城市群轨道交通体系研究［J］．铁道运输与经济，2019（1）．

**表4　京津冀区域与国外典型区域交通一体化发展比较**

| | 管理层面 | 立法层面 | 规划层面 |
|---|---|---|---|
| 以纽约为中心的区域 | 1917年，大都市市区规划组织（MPO）的雏形产生；二战以后，MPO的地位得到了确立和发展。1973年的《联邦资助公路法》正式将人口超过5万的都市地区政府联合会、区域性合作组织、区域规划委员会等约200个各类区域性合作规划组织统一归类为MPO。 | 1962年的《联邦资助公路法》首次以法律形式对交通规划的程序和组织安排提出要求。此后陆续颁布了一些联邦法令更加明确并强调了大都市区域交通规划：1964年的《联邦援助公路法》；1966年的《示范城市与大都市区域发展法》；1991年的《地面多式运输效率法》；1998年的《21世纪运输平衡法》；2005年的《安全、可靠、灵活、高效的运输平衡法：对使用者的馈赠》。 | 1975年，联邦公路局和都市公共交通局共同颁布了《联合公路/公交规划条例》；由MPO编制并定期修订的长期都市交通规划（MTP）、中期交通改进计划（MTIP）、每个年度的统一规划执行方案（UPWP）。 |
| 以东京为中心的区域 | 早在20世纪70年代，日本在内阁的国土综合开发厅设置了大都市圈整备局专门负责区域的整合工作。2001年，大都市圈整备工作由国土交通省都市局都市政策课统一负责。 | 1956年，日本国会制定了《首都圈整备法》，确定都市圈的范围、整备的法理依据和基本政策。随后又相继颁布了多项法律文件，依次为：《首都圈市街地开发区域整备法》（1958）、《首都圈近郊绿地保护法》（1966）、《多级分散型国土形成促进法》（1986）。 | 国土交通省针对都市圈制定具体的发展规划，发展规划每5年编修一次，国土交通省每年需要就都市圈的整合效果和发展规划落实的相关情况向国会提交专题报告。同时，国土交通省也在都市计划运用指针中对都市圈整合相关议题进行详细的规定和解说。 |

续表

| | 管理层面 | 立法层面 | 规划层面 |
|---|---|---|---|
| 以伦敦为中心的区域 | 1937年，英国政府成立巴罗委员会。2000年5月，通过全民选举产生了"大伦敦管理局"，成员由市长和议会组成，每四年选举一次。 | 1946年的《新城法》掀起了新城建设运动，计划在离伦敦中心50公里的半径内建成8个卫星城。1999年颁布的《大伦敦政府法》，规定大伦敦市长要与相邻伦敦的地区进行协商，将空间发展战略草案提交相关部门。2004年颁布的《规划和强制性采购法》，规定地方规划机构在制定地方开发文件时，要遵循和考虑相邻区域的空间战略要求。2011年颁布的《地方主义法》，规定各地方政府在与可持续发展相关的规划方面有合作义务。 | 1944年的《大伦敦规划》，奠定了伦敦都市圈的发展基础。2004年、2008年、2011年和2016年分别编制出台了《大伦敦地区空间发展战略规划》 |
| 京津冀区域 | 2014年，国务院成立了京津冀协同发展领导小组，由北京、天津、河北以及国家发改委、交通局、环保局、民航总局等相关部门人员组成。 | — | 2015年4月，以京津冀交通一体化为重点，中共中央政治局审议通过了《京津冀协同发展规划纲要》；2016年11月，《京津冀城际铁路网规划（2015—2030）》获批且《京津冀地区铁路枢纽总图规划》得以完成；2017年4月，《雄安新区及周边地区铁路布局规划》出台。 |

注："—"表示目前没有相关法律出台。此表是笔者根据相关资料整理而得。

资料来源：闫庆民，张晓朴. 京津冀区域协同发展研究［M］. 北京：中国金融出版社，2017. 程南，荣朝和，盛来芳. 美国交通规则体制中的大都市区规划组织［EB/OL］. http://www.doc88.com/p-67819091526.html. 齐子翔. 京津冀协同发展机制设计［M］. 北京：社会科学文献出版社，2015.

# 附录 2

# 本书实证部分的数据图表

表1　　　　　　　　　　北京市的相关指标数据

| 年份 | GDP（亿元） | 就业（万人） | 本地区的交通基础设施投资（亿元） | 私人投资（亿元） | 其他地区的交通基础设施投资（亿元） | GDP 指数 |
|---|---|---|---|---|---|---|
| 1997 | 2096.8 | 655.8 | 53.11 | 719.47 | 87.82 | 604 |
| 1998 | 2406.2 | 622.2 | 49.5 | 796.85 | 171.28 | 662 |
| 1999 | 2713.5 | 618.6 | 87.1 | 863.41 | 213.69 | 734.8 |
| 2000 | 3212.8 | 619.3 | 84.97 | 976.11 | 256.39 | 823 |
| 2001 | 3769.9 | 628.9 | 92.51 | 1160.61 | 253.2 | 920.1 |
| 2002 | 4396 | 679.2 | 79.57 | 1401.19 | 252.04 | 1028.7 |
| 2003 | 5104.1 | 703.3 | 115.31 | 1812.92 | 166.05 | 1142.8 |
| 2004 | 6164.9 | 854.1 | 137.83 | 1921.39 | 276.61 | 1306.3 |
| 2005 | 7141.4 | 878 | 155.25 | 2028.11 | 339.88 | 1466.9 |
| 2006 | 8312.6 | 919.7 | 237.61 | 2249.28 | 536.66 | 1654.7 |
| 2007 | 10071.9 | 942.7 | 397.76 | 2628.81 | 683.33 | 1893 |
| 2008 | 11392 | 980.9 | 515.80 | 2513.72 | 934.19 | 2063.4 |
| 2009 | 12419 | 998.3 | 600.84 | 3118.36 | 822.03 | 2269.7 |
| 2010 | 14441.6 | 1031.6 | 646.71 | 3884.65 | 1355.61 | 2505.8 |
| 2011 | 16627.9 | 1069.7 | 682.19 | 4153.59 | 1847.49 | 2708.7 |
| 2012 | 18350.1 | 1107.3 | 490.05 | 4372.40 | 1626.06 | 2925.4 |
| 2013 | 20330.1 | 1141 | 684.18 | 4958.98 | 1800.7 | 3150.7 |
| 2014 | 21944.1 | 1156.7 | 636.54 | 4920.50 | 2069.21 | 3383.8 |
| 2015 | 23685.7 | 1186.1 | 750.10 | 5461.80 | 2091.12 | 3617.3 |
| 2016 | 25669.1 | 1220.1 | 693.40 | 5696.50 | 1979.89 | 3863.3 |
| 2017 | 28014.9 | 1246.8 | 739.17 | 5608.40 | 1921.86 | 4122.1 |
| 2018 | 30320 | 1237.8 | 1105.85 | 5202.44 | 1874.89 | 4394.2 |

注：表1—表4的数据来源在书中实证部分已经介绍。"其他地区"在书中也有界定。

表 2　　　　　　　　　　　天津市的相关指标数据

| 年份 | GDP（亿元） | 就业（万人） | 本地区交通基础设施投资（亿元） | 私人投资（亿元） | 其他地区的交通基础设施投资（亿元） | GDP指数 |
|---|---|---|---|---|---|---|
| 1997 | 1264.63 | 513.33 | 15.83 | 404.6 | 125.1 | 544.4 |
| 1998 | 1374.6 | 508.1 | 25.33 | 461.03 | 195.45 | 595.1 |
| 1999 | 1500.95 | 508.14 | 47.13 | 424.26 | 253.66 | 654.6 |
| 2000 | 1701.88 | 486.89 | 54.64 | 516.94 | 286.72 | 725.3 |
| 2001 | 1919.09 | 488.34 | 54.18 | 524.91 | 291.53 | 812.3 |
| 2002 | 2150.76 | 492.61 | 69.91 | 655.49 | 261.7 | 915.5 |
| 2003 | 2578.03 | 510.9 | 55.15 | 849.80 | 226.21 | 1051 |
| 2004 | 3141.35 | 527.78 | 93.95 | 834.22 | 320.49 | 1217 |
| 2005 | 3947.94 | 542.52 | 85.80 | 1014.39 | 409.33 | 1400.8 |
| 2006 | 4518.94 | 562.92 | 136.51 | 1236.27 | 637.76 | 1608.1 |
| 2007 | 5317.96 | 613.93 | 168.52 | 1551.62 | 912.57 | 1858.9 |
| 2008 | 6805.54 | 647.32 | 295.81 | 2216.82 | 1154.18 | 2169.4 |
| 2009 | 7618.2 | 677.13 | 276.66 | 3101.92 | 1146.21 | 2529.5 |
| 2010 | 9343.77 | 728.7 | 450.50 | 4431.13 | 1551.82 | 2974.7 |
| 2011 | 11461.7 | 763.16 | 505.76 | 5199.18 | 2023.92 | 3468.5 |
| 2012 | 13087.17 | 803.14 | 470.23 | 5643.25 | 1645.88 | 3954.1 |
| 2013 | 14659.85 | 847.46 | 617.40 | 6634.17 | 1867.48 | 4448.3 |
| 2014 | 15964.54 | 877.21 | 457.82 | 7869.30 | 2247.93 | 4897.6 |
| 2015 | 16794.67 | 896.8 | 566.87 | 8519.00 | 2274.35 | 5358 |
| 2016 | 17837.89 | 902.42 | 613.66 | 9442.10 | 2059.63 | 5845.6 |
| 2017 | 18549.19 | 894.83 | 562.08 | 8252.80 | 2098.95 | 6056 |
| 2018 | 18809.64 | 896.56 | 409.61 | 8678.13 | 2571.13 | 6274 |

表 3　　　　　　　　　　　河北省的相关指标数据

| 年份 | GDP（亿元） | 就业（万人） | 本地区交通基础设施投资（亿元） | 私人投资（亿元） | 其他区域的交通基础设施投资（亿元） | GDP指数 |
|---|---|---|---|---|---|---|
| 1997 | 3953.78 | 3324.23 | 71.99 | 1081.39 | 68.94 | 669.8 |
| 1998 | 4256.01 | 3367.18 | 145.95 | 1206.08 | 74.83 | 741.4 |
| 1999 | 4514.19 | 3322.3 | 166.56 | 944.77 | 134.23 | 808.9 |
| 2000 | 5043.96 | 3385.71 | 201.75 | 1420.79 | 139.61 | 885.8 |
| 2001 | 5516.76 | 3409.16 | 199.02 | 1085.62 | 146.69 | 962.8 |
| 2002 | 6018.28 | 3435 | 182.13 | 1586.76 | 149.48 | 1055.3 |

续表

| 年份 | GDP（亿元） | 就业（万人） | 本地区交通基础设施投资（亿元） | 私人投资（亿元） | 其他区域的交通基础设施投资（亿元） | GDP 指数 |
|---|---|---|---|---|---|---|
| 2003 | 6921.29 | 3470.23 | 110.90 | 2011.19 | 170.46 | 1177.7 |
| 2004 | 8503.61 | 3516.71 | 182.66 | 2221.96 | 231.78 | 1329.6 |
| 2005 | 10047.1 | 3568.97 | 254.08 | 2801.43 | 241.05 | 1507.8 |
| 2006 | 11513.6 | 3609.99 | 400.15 | 3916.66 | 374.12 | 1709.8 |
| 2007 | 13662.32 | 3664.97 | 514.81 | 5064.35 | 566.28 | 1928.7 |
| 2008 | 16079.97 | 3725.66 | 638.38 | 6911.89 | 811.61 | 2123.4 |
| 2009 | 17319.48 | 3792.49 | 545.37 | 8999.61 | 877.5 | 2337.9 |
| 2010 | 20494.19 | 3865.14 | 905.11 | 10898.06 | 1097.21 | 2623.1 |
| 2011 | 24543.87 | 3962.42 | 1341.73 | 12598.54 | 1187.95 | 2919.6 |
| 2012 | 26568.79 | 4085.74 | 1155.83 | 15402.83 | 960.28 | 3202.8 |
| 2013 | 28387.44 | 4183.93 | 1183.30 | 17742.42 | 1301.58 | 3465.4 |
| 2014 | 29341.22 | 4202.66 | 1611.39 | 20488.40 | 1094.36 | 3690.6 |
| 2015 | 29686.16 | 4212.5 | 1524.25 | 22347.20 | 1316.97 | 3941.6 |
| 2016 | 31660.15 | 4223.95 | 1366.23 | 23414.90 | 1307.06 | 4209.6 |
| 2017 | 34016.32 | 4206.66 | 1359 78 | 23996.00 | 1301.25 | 4487.5 |
| 2018 | 36010.27 | 4196.09 | 1465.28 | 24756.68 | 1515.46 | 4779.2 |

表4　　三省市的运输线路长度　　单位：公里

| 年份 | 北京 | 天津 | 河北 |
|---|---|---|---|
| 1998 | 29322.0 | 11734.0 | 133206.0 |
| 1999 | 30309.5 | 21412.9 | 135931.1 |
| 2000 | 32159.2 | 21717.6 | 139046.2 |
| 2001 | 31367.6 | 21823.0 | 142633.9 |
| 2002 | 32472.1 | 22659.6 | 144294.7 |
| 2003 | 32806.1 | 23496.3 | 149958.0 |
| 2004 | 33668.6 | 24413.6 | 160746.5 |
| 2005 | 33987.4 | 25243.1 | 173767.0 |
| 2006 | 45892.5 | 26825.2 | 311253.2 |
| 2007 | 46822.9 | 27346.7 | 320027.8 |
| 2008 | 46089.5 | 28810.8 | 325621.5 |
| 2009 | 47583.5 | 34308.0 | 331682.3 |
| 2010 | 48419.4 | 35720.9 | 337820.4 |

续表

| 年份 | 北京 | 天津 | 河北 |
|---|---|---|---|
| 2011 | 49113.4 | 36755.3 | 344886.5 |
| 2012 | 49584.3 | 37288.2 | 359030.3 |
| 2013 | 49980.7 | 38133.9 | 384129.5 |
| 2014 | 50526.8 | 38852.9 | 394906.8 |
| 2015 | 50790.8 | 39945.7 | 401505.1 |
| 2016 | 51154.3 | 40313.9 | 409977.0 |
| 2017 | 52164.0 | 39886.0 | 423481.0 |
| 2018 | 52377.0 | 39212.0 | 428474.0 |

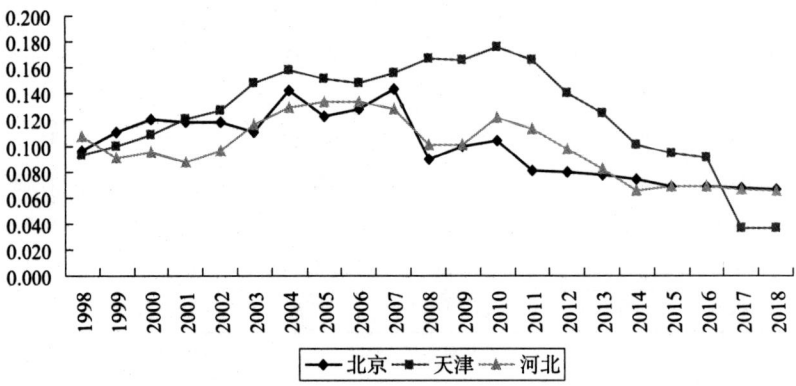

图 1　1998—2018 年京津冀三省市实际 GDP 增长率比较图

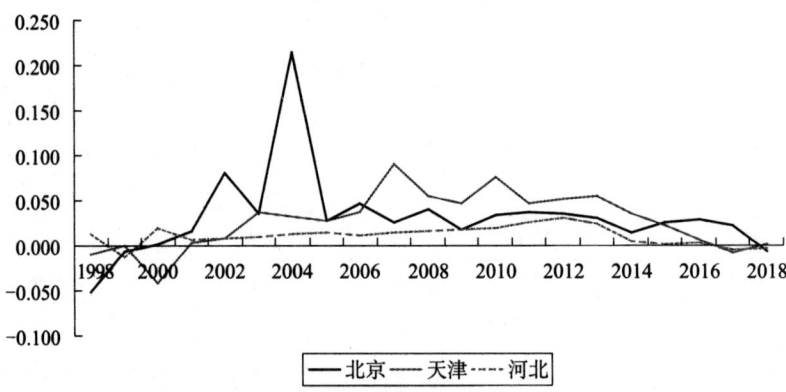

图 2　1998—2018 年京津冀三省市就业增长率比较图

附录2 本书实证部分的数据图表 **123**

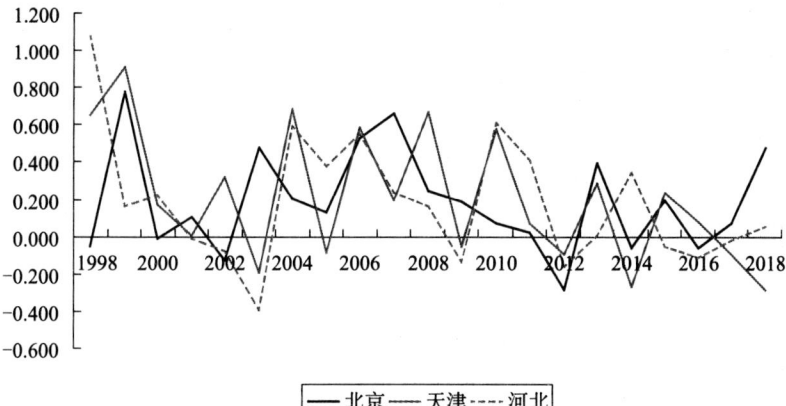

图3 1998—2018年京津冀三省市实际交通基础设施投资增长率比较图

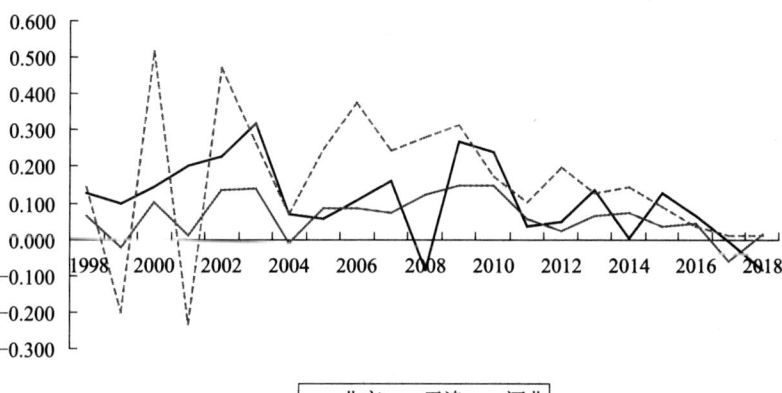

图4 1998—2018年京津冀三省市实际私人投资增长率比较图

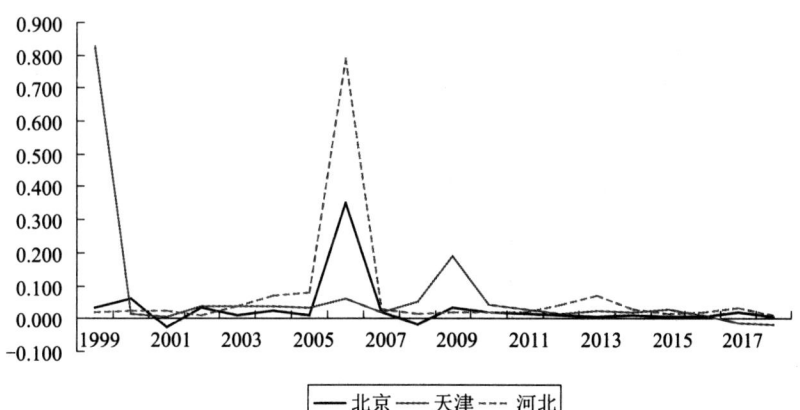

图5 1999—2018年京津冀三省市运输线路长度增长率比较图

# 参考文献

[1] 包毅. 泛珠三角区域合作中各方利益的差异与协调 [J]. 珠江水运, 2006 (06).

[2] 陈剩勇, 马斌. 区域间政府合作: 区域经济一体化的路径选择 [J]. 政治学研究, 2004 (01).

[3] 陈文彬, 王梅, 虞同文. 长三角区域交通一体化研究 [J]. 交通与港航. 2019 (06).

[4] 陈旭佳. 均等化视阈下中国区域间公共服务资源均衡配置研究 [J]. 当代经济管理, 2016 (03).

[5] 邓丹萱. 交通基础设施的网络效应与溢出效应的实证研究 [D]. 对外经济贸易大学, 2014.

[6] 邓元慧. 城际轨道交通与城市群空间结构演化及协调研究 [D]. 北京交通大学, 2015.

[7] 杜彦良. 关于京津冀一体化建设的几点思考 [J]. 北京交通大学学报, 2008 (01).

[8] 范九利, 白暴力. 基础设施投资与中国经济增长的地区差异研究 [J]. 人文地理, 2004 (02).

[9] 高铁梅. 计量经济分析方法与建模 [M]. 北京: 清华大学出版社, 2006.

[10] 郭庆旺, 贾俊雪. 基础设施投资的经济增长效应 [J]. 经济理论与经济管理, 2006 (03).

[11] 韩佳. 长江三角洲区域经济一体化发展研究 [D]. 华东师范大学, 2008.

[12] 韩仁月, 常世旺, 段超. 中国省级公共投资对私人投资的动态效应研究 [J]. 财贸研究, 2009 (06).

[13] 韩仁月, 常世旺. 中国省级公共投资的区域效应: 互利共赢还是以邻为壑 [J]. 财经研究, 2010 (04).

[14] 韩仁月, 常世旺. 中国省级公共投资的区域影响——以产出为例 [J]. 山西财经大学学报, 2009 (11).

[15] 韩玉轩. 京津冀陆路交通一体化中政府效率实证研究 [D]. 燕山大学, 2016.

[16] 韩兆柱, 董霞. 基于整体性治理的京津冀交通一体化研究 [J]. 河北大学学报(哲学社会科学版), 2019 (01).

[17] 郝凤霞, 刘子涵. "一带一路"国内沿线区域基础设施投资效率及其经济效益——基于软、硬基础设施的视角 [J]. 工业技术经济, 2019 (08).

[18] 何莲. 基于DEA交叉效率模型的城市轨道交通投资效率评价研究 [D]. 天津大学, 2016.

[19] 胡艳, 朱文霞. 交通基础设施的空间溢出效应——基于东中西部的区域比较 [J]. 经济问题探索, 2015 (01).

[20] 胡媛媛. 珠三角地区城际轨道交通运营管理模式研究 [J]. 交通企业管理, 2012 (06).

[21] 胡宗义, 鲁耀纯, 刘春霞. 我国城市基础设施建设投融资绩效评价——基于三阶段DEA模型的实证分析 [J]. 华东经济管理, 2014 (01).

[22] 贾儒楠. 都市圈: 城市发展的方向 [J]. 生态经济, 2014 (08).

[23] 蒋岱位. "一带一路"沿线国家交通基础设施投资效率变化研究 [D]. 兰州大学, 2018.

[24] 金世斌. 国外城市群一体化发展的实践成效与经验启示 [J]. 上海城市管理, 2017 (02).

[25] 李广斌. 新时期我国区域规划理论革新研究——基于利益协调的视角 [D]. 华东师范大学, 2007.

[26] 李凌. 伦敦都市圈对建设中原城市群的启示 [J]. 财政科学, 2016 (09).

[27] 李祺, 孙钰, 崔寅. 基于DEA方法的京津冀城市基础设施投资效率评价 [J]. 干旱区资源与环境, 2016 (02).

[28] 李一花, 于富慧, 亓艳萍. 交通基础设施对经济增长的溢出效应分析——基于我国省际动态面板数据分析 [J]. 山东工商学院学报, 2018 (01).

[29] 廖直东, 刘汉辉. 公共投资的就业效应: 理论、机制和研究方法——基于有效需求理论与公共品理论的比较研究 [J]. 现代商贸工业, 2011 (09).

[30] 刘秉镰, 武鹏, 刘玉海. 交通基础设施与中国全要素生产率增长——基于省域数据的空间面板计量分析 [J]. 中国工业经济, 2010 (03).

[31] 刘生龙, 胡鞍钢. 交通基础设施与经济增长: 中国区域差距的视角 [J]. 中国工业经济, 2010 (04).

[32] 刘勇. 交通基础设施投资、区域经济增长及空间溢出作用——基于公路、水运交通的面板数据分析 [J]. 中国工业经济, 2010 (12).

[33] 刘勇凤, 耿彦斌. 长三角地区交通运输综合一体化发展现状与问题 [J]. 综合运输, 2019 (09).

[34] 骆永民, 伍文中. 基础设施投资效率对 FDI 影响力的空间计量分析 [J]. 广东商学院学报, 2010 (02).

[35] 马丹丹. 北京停车场进入 ETC "智慧停车" 时代 [N]. 首都建设报, 2020-01-20.

[36] 迈克尔·波特. 国家竞争优势 [M]. 北京: 中信出版社, 2007.

[37] 孟美侠, 张学良, 潘洲. 跨越行政边界的都市区规划实践——纽约大都市区四次总体规划及其对中国的启示 [J]. 重庆大学学报 (社会科学版), 2019 (04).

[38] 宁述峰. 珠三角、长三角经济区合作发展比较研究与经验启示——以交通一体化建设和发展为例 [A]. 张俊. 东方行政论坛 (第一辑) [C]. 济南: 山东人民出版社, 2011.

[39] 钱喆, 吴翱翔, 张海霞. 世界级城市交通发展战略演变综述及启示 [J]. 城市交通, 2015 (01).

[40] 曲思源. 高速铁路运营综合管理体系的构建与实施——以长三角为例 [J]. 北京交通大学学报 (社会科学版), 2019 (02).

[41] 任喜萍. 基于 DEA 方法的我国城市基础设施投资效率评价研究 [J]. 经济体制改革, 2017 (05).

[42] 沙治慧. 公共投资与经济发展的区域协调性研究 [J]. 经济学动态, 2012 (05).

[43] 沈沛龙, 苗居楠, 张文龙. 政府基础设施投资效率研究 [J]. 经济问题, 2014 (06).

[44] 宋敏, 姚伟伟, 岳瑶. 我国 31 个省 (市、自治区) 公路投资效率测度比较研究——基于数据包络分析模型 (DEA) [J]. 上海经济研究, 2014 (08).

[45] 孙明正. 京津冀交通一体化发展问题与对策研究 [J]. 城市交通,

2016 (03).

[46] 汤莲花, 徐行方. 国外典型都市圈市域铁路发展及启示 [J]. 中国铁路, 2018 (09).

[47] 汪伟全. 长三角经济圈地方利益冲突协调机制研究: 基于政府间关系的分析 [J]. 求实, 2008 (09).

[48] 王丽. "泛珠三角" 区域合作中的利益冲突与政府协调 [J]. 特区经济, 2006 (07).

[49] 王强. 大伦敦地区公共交通系统剖析 [J]. 价值工程, 2017 (29).

[50] 王威, 潘若龙. 公共投资的就业效应——基于VAR模型的检验分析 [J]. 社会科学战线, 2009 (04).

[51] 王兴举, 范胜楠, 周杨, 陈进杰. 京津冀轨道交通一体化发展对策 [J]. 铁道运输与经济, 2016 (11).

[52] 王悦荣, 邓春玉. 珠三角9市市政公用设施投资效率分析 [J]. 城市问题, 2015 (06).

[53] 魏贺, 张晓东, 冯雅薇, 赵旭阳. 大伦敦市长交通战略述评 [J]. 交通工程, 2018 (05).

[54] 伍凤兰, 陶一桃. 区域公共产品的有效供给——基于配置效率的视角 [J]. 财政研究, 2015 (10).

[55] 徐旭川. 我国公共投资对就业影响的实证分析 [J]. 人口与经济, 2006 (02).

[56] 杨永平, 赵东, 边颜东, 李红昌. 加强协同发展, 促进京津冀交通一体化发展 [J]. 铁道经济研究, 2018 (05).

[57] 杨友才, 赖敏晖. 我国最优政府财政支出规模——基于内生门限回归模型的分析 [A]. 2009年度 (第七届) 中国法经济学论坛论文集 [C]. 济南: 山东大学经济研究院, 2009.

[58] 杨振山, 程哲, 蔡建明. 从国外经验看我国城市群一体化组织与管理 [J]. 区域经济评论, 2015 (04).

[59] 姚迈新. 大伦敦城市规划发展的经验及其对广州的启示探析 [J]. 岭南学刊, 2019 (01).

[60] 要维. 京津冀城市群基础设施综合评价 [D]. 河北大学, 2017.

[61] 尹贻林, 卢晶. 我国公共投资对私人投资影响的经验分析 [J]. 财经问题研究, 2008 (03).

[62] 允春喜, 上官仕青. 公共服务供给中的地方政府合作——以山东半岛

城市群为例［J］.东北大学学报（社会科学版），2013（05）.

［63］张晨阳，雷良海."一带一路"国家交通基础设施投资效率分析．经济研究导刊［J］．2018（27）．

［64］张方，陈凯．公共投资、空间溢出效应与区域经济增长——基于2003～2013年省级面板数据［J］．软科学，2016（01）．

［65］张贵，李佳钰．构建京津冀现代化交通网络系统的战略思考［J］．河北工业大学学报：社会科学版，2015（02）．

［66］张海涛．丝绸之路经济带交通基础设施建设的空间效应研究［D］．吉林大学，2017．

［67］张海星．基于方法的政府基础设施投资效率评价［J］．宁夏社会科学，2014（04）．

［68］张紧跟．新区域主义：美国大都市区治理的新思路［J］．中山大学学报（社会科学版），2010（01）．

［69］张娟，雷辉，王云飞，刘钻石．"一带一路"沿线国家的交通基础设施投资效率的比较［J］．统计与决策，2016（19）．

［70］张军扩．东京都市圈的发展模式、治理经验及启示［N］．中国经济时报，2016-08-19．

［71］张倩．京津冀区域一体化研究——与长三角、珠三角地区的比较［J］．现代商业，2015（18）．

［72］张瑞萍．京津冀交通法制一体化的目标与路径［J］．北京联合大学学报（人文社会科学版），2016（02）．

［73］张晓兰．东京和纽约都市圈经济发展的比较研究［D］．吉林大学，2013．

［74］张学良．中国交通基础设施促进了区域经济增长吗——兼论交通基础设施的空间溢出效应［J］．中国社会科学，2012（03）．

［75］张学良．中国交通基础设施与经济增长的区域比较分析［J］．财经研究，2007（08）．

［76］张义昌，李芸．辉煌七十年数字看交通［J］．天津经济，2019（12）．

［77］张玉棉，尹凤宝，边楚雯．京津冀城市分工与布局协同发展研究——基于日本首都圈的经验［J］．日本问题研究，2015（01）．

［78］赵鹏．交通基础设施对区域一体化影响研究［J］．经济问题探索，2018（03）．

［79］赵峥．共建长三角基础设施体系：价值、挑战与对策［J］．重庆理工

大学学报（社会科学），2020（01）．

［80］郑广建．交通基础设施对经济增长的空间溢出效应［J］．郑州航空工业管理学院学报，2017（06）．

［81］郑健，吴晓飞，张振．区域战略背景下跨区域交通治理策略探析——以广东省为例［A］．中国城市规划学会．共享与品质——2018中国城市规划年会论文集（12城乡治理与政策研究）［C］．北京：中国建筑工业出版社，2018．

［82］钟永刚．整合资源：推进珠三角区域交通一体化［J］．综合运输，2010（02）．

［83］Afonso A，Fernandes S. Assessing and Explaining the Relative Efficiency of Local Government［J］. The Journal of Socio-Economics，2008，37（5）．

［84］Agranoff R，Mcguire M. Collaborative Public Management：New Strategies for Local Governments［M］. Georgetown University Press，2003．

［85］Alicia H. Munnell. Policy Watch：Infrastructure Investment and Economic Growth［J］. The Jornal of Economic Perspectives，1992，6（4）．

［86］Balaguer-Coll M T，Prior D，Tortosa-Ausinac E. On the Determinants of Local Government Performance：A Two-stage Nonparametric Approach［J］. European Economic Review，2007，51（2）．

［87］Boarnet M G. Spillovers and the Locational Effects of Public Infrastructure［J］. Journal of Regional Science，1998，38（3）．

［88］Borger B D，Kerstens K. Cost Efficiency of Belgian Local Governments：A Comparative Analysis of FDH，DEA，and Econometric Approaches［J］. Regional Science and Urban Economics，1996，26（2）．

［89］Cantos，P.，Gumbau-Albert，M.，Maudos，J. Transport Infrastructures，Spillover Effects and Regional Growth：Evidence of the Spanish Case［J］. Transport Reviews，2005，25（1）．

［90］Chiara F. Del Bo，Massimo Florio. Infrastructure and Growth in a Spatial Framework：Evidence from the EU Regions［J］. European Planning Studies，2012，20（8）．

［91］Cletus C. Coughlin，Randall W. Eberts，Brian Sloboda，Vincent W. Yao. Introduction to the Special Issue：Transportation Investment and Economic Development［J］. The Annals of Regional Science，2008，42（3）．

［92］Daiji Kawaguchi，Fumio Ohtake，Keiko Tamada. The Productivity of Public Capital：Evidence from Japan's 1994 Electoral Reform［J］. Journal of the Japanese and International Economies, 2009, 23 (3).

[93] Demetra V C, Joy S, Lee G. The 2001 National Household Travel Survey: A Look into the Travel Patterns of Older Americans [J]. Journal of Safety Research, 2003, 34 (4).

[94] Douglas Holtz-Eakin, Amy Ellen Schwartz. Infrastructure in a Structural Model of Economic Growth [J]. Regional Science and Urban Economics, 1995, 25 (2).

[95] Feiock R C. Rational Choice and Regional Governance [J]. Journal of Urban Affairs, 2007, 29 (1).

[96] Girard J, Gruber H, Hurst C. Increasing Public Investment in Europe: Some Practical Considerations [J]. European Economic Review, 1995, 39 (4).

[97] Gomez-Antonio, M. , B. Fingleton. Analyzing the Impact of Public Capital Stock Using the NEG Wage Equation: A Panel Data Approach [J]. Journal of Regional Science, 2012, 52 (3).

[98] Gupta S, Verhoeven M. The Efficiency of Government Expenditure Experiences from Africa [J]. Journal of Policy Modeling, 2001, 23 (4).

[99] Haus, M. , Heinelt, H. How to Achieve Governability at the Local Level? [A]. Haus, M. , Heinelt, H. , Stewart, M. Urban Governance and Democracy: Leadership and Community Involvement [C]. London: Routledge, 2005.

[100] Heikotic. Guiding Principles: A Review and Analysis of Student Affair Philosophical Statements [J]. Journal of College Student Development, 2012, 42 (4).

[101] H. V. Savitch, Ronald K. Vogel. Metropolitan Consolidation versus Metropolitan Governance in Louisville [J]. State and Local Government Review, 2000, 32 (3).

[102] Joseph Berechman, Dilruba Ozmen, Kaan Ozbay. Empirical Analysis of Transportation Investment and Economic Development at State, County and Municipality Levels [J]. Transportation, 2006, 33 (6).

[103] Kaan Ozbay, Dilruba Ozmen-Ertekin, Joseph Berechman. Contribution of Transportation Investments to County Output [J]. Transport Policy, 2007, 14 (4).

[104] Kurt Thurmaier, Curtis Wood. Interlocal Agreements as Overlapping Social Networks: Picket-Fence Regionalism in Metropolitan Kansas City [J]. Public Administration Review, 2002, 62 (5).

[105] North, D. C. , J. J. Wallis. Integrating Institutional Change and Technical Change in Economic History—A Transaction Cost Approach [J]. Journal of Institu-

tional and Theoretical Economics, 1994, 150 (4).

[106] Revelli F, Tovmo P. Revealed Yardstick Competition: Local Government Efficiency Patterns in Norway [J]. Journal of Urban Economics, 2007, 62 (1).

[107] Rogge N, Jaeger S D. Evaluating the Efficiency of Municipalities in Collecting and Processing Municipal Solid Waste: A Shared Input DEA-model [J]. Waste Management, 2012, 32 (3).

[108] Sock Y. A Missing Link in Assessment: Collaboration between Academic and Student Affairs Professionals [J]. Change: The Magazine of Higher Learning, 2014, 30 (2).

[109] Stephen P. Skills, Knowledge, and Personal Traits Necessary for Success as a Student Affairs Administrator: A Meta-analysis of Thirty Years of Research [J]. Journal of Student Affairs Research and Practice, 2013, 37 (4).

[110] Sylvie Démurger. Infrastructure Development and Economic Growth: An Explanation for Regional Disparities in China? [J]. Journal of Comparative Economics, 2001, 29 (1).

# 后　记

　　本书是在我博士后出站报告的基础上修改扩展完成的。感谢我的博士后导师温来成教授，有机会成为温老师的学生备感荣幸。温老师从论文选题、框架设计到成稿修改都提出了宝贵意见。感谢马海涛教授，马老师虽然平时工作繁忙，但对学生仍是尽职尽责，无论在工作上还是学习上，马老师都给了我很大帮助。感谢答辩老师对论文修改提出的宝贵意见，他们是马蔡琛教授、宋凤轩教授、白彦锋教授、姜爱华教授和任强教授。

　　感谢中国博士后科学基金。感谢我的家人，他们对我的鼓励和支持减轻了我工作和学习上的压力，使我顺利完成了本书的写作。

韩仁月<br>2020 年 11 月